U0902176

别让不会表达误了你

瞻思◎著

北京联合出版公司
Beijing United Publishing Co.,Ltd.

图书在版编目(CIP)数据

别让不会表达误了你 / 瞻思著. -- 北京：北京联合出版公司, 2018.1

ISBN 978-7-5596-1208-3

Ⅰ. ①别… Ⅱ. ①瞻… Ⅲ. ①语言艺术－通俗读物 Ⅳ. ①H019-49

中国版本图书馆CIP数据核字(2017)第264951号

别让不会表达误了你

作　　者：瞻思

选题策划：亿德隆文化

责任编辑：张萌

策划编辑：焦文洋

封面设计：MM末末美书

版式设计：亿德隆装帧

北京联合出版公司出版

（北京西城区德外大街89号楼9层　　100088）

三河市天润建兴印务有限公司　新华书店经销

字数 260千字　710毫米×1000毫米　1/16　18印张

2018年1月第1版　2018年1月第1次印刷

ISBN 978-7-5596-1208-3

定价：39.80元

前言

生活中有些人虽然满腹经纶，却得不到重用，以致怨天尤人；有些人只知道埋头苦干，辛辛苦苦一辈子却无法被人欣赏；有些人，即使小有才气，也能春风得意，驰骋于自己的岗位；而有些人不仅能力很强，也知道如何将自己的才华挥洒得淋漓尽致，成就自己不平凡的人生。这其中的原因除了运气之外，最主要还是有的人只懂得做事；有的人不仅会做事，还会说话，懂得如何将自己的潜能与才华推销给别人。

“时代不同了”。确实这样，在当今的商品经济社会里，既会做事又会说话显得尤为重要。能否成功地让别人了解你、及时的推销自己，在一定程度上决定着你的命运和前途。

话，谁都会说，我们靠说话交流并维持关系。话，不可乱说，人与人之间的关系有时很脆弱：好听的话，我们经常说，因为大家心里都明白，好听的话，谁都爱听。我们说好听的话谁都爱听，那不好听的话呢？总不能就不说了吧!话总要说出来，不好听的话之所以不好听是因为它棱角太鲜明，有棱角的话听着总是比较刺耳的，委婉地说话，把那些棱角摩去了，话自然就听好多了。尤其在现在这个社会，会说话已经成为一种高端的武器，那么如何会说话也就成了一门高深的学问。

看看你的周围，数数身边“混”出名堂的人，你不难得出这样的结论：说话办事的水平一定程度上决定着一个人的事业高度和人生发展层次。对于年轻人来说，如果你希望自己的人生路走得更顺畅，就要明白不仅要会做事，更要会说话。

许多年轻人都有过求职碰壁、晋升无望、不知如何处理生活中的沟通问题的苦恼。这时候，他们往往觉得人生路是如此狭窄，天下之大，似乎没有自己的立足之地。如果你一旦掌握会说话的本事，就好像插上了搏击长空的翅膀，天地都变得宽阔起来。

如何处理日常生活中人与人沟通的问题呢？如何让你像乘坐火箭一样的升职呢？如何打赢面试的重大战役，进入梦寐以求的公司呢？

本书以大量的实例，形象生动地告诉您：会说话是一种品位，是一种智慧，是一种人生态度。会说话，能使萍水相逢的人携起手来，成为朋友；能灵活自如的处世，在社会的舞台上游刃有余；能坦然面对人生道路的悲欢离合、恩怨情仇，使生命变得靓丽、精彩。

会说话价值百万！会说话，可以左右逢源，在芸芸众生中脱颖而出；以帮你化解人生危机，轻松摆脱困境；可以缩短成功的路程，避免走弯路。因此，用会说话赢得天下，是一种能力和智慧。

目录
CONTENTS

第一辑 CHAPTER 01
言之有忌，别让不会表达误了你

第二辑 CHAPTER 02

扬长避短，说出来的好印象

第三辑 CHAPTER 03

收敛锋芒，迂回说话的艺术

目录
CONTENTS

第五辑 CHAPTER 05
分清对象，把话说到人心坎儿里

目录
CONTENTS

第七辑 CHAPTER 07

会说话，你的求职就成功了一半

第八辑 CHAPTER 08

不可不知的职场说话禁忌

言之有忌，别让不会表达误了你

与人相处都要站在对方的立场考虑，

控制情绪，

保持理智平衡、

态度谦逊、

虚怀若谷，

让人感受到尊重和平等。

打人不打脸，说话不揭短

我们在与人谈话的过程中，要避免采取揭短的方式来打压对方，正所谓“打人不打脸，说话不揭短”。比如对方身体有某种缺陷，或有小偷小摸、打架斗殴被处罚的记录等，这对他们本身来说就已经是不可磨灭的记忆了，而你再一而再、再而三地提醒他们记得，只会增加他们的心理负担，让他们痛苦不堪。如今人们都在追求文明的沟通方式，这种揭短的行为已经被越来越多的人所鄙视，“打人不打脸，说话不揭短”已经成为人们普遍遵守的信条。一个肆意揭露他人之短，以伤害他人为乐的人，只会遭受人们的无情唾弃。

古罗马有一位赫赫有名的英雄，名叫科里奥拉努斯。科里奥拉努斯在战场上立下了赫赫功绩，他的英雄事迹在古罗马口口相传，众人提及他，总是赞不绝口。但是随着科里奥拉努斯年纪渐长，就希望从军界走入政界，过上安稳一点儿的生活。而这时候，进入政界最好的办法就是通过竞选得到最高执政官一职。

竞选开始了，科里奥拉努斯发表了一场令人十分感动的演讲，他从自己身上的无数伤疤开始讲起，向选民讲述了自己在战场上十几年来的诸多艰难经历，几乎所有的人都被科里奥拉努斯的英勇和爱国精神所感动，他们决定投他一票。从当时的情况来看，科里奥拉努斯已基本成功了。

但是，走下演讲台之后，科里奥拉努斯完全变了，在投票日即将到来的时候，他开始在会议厅里诋毁对手，并高傲地宣称凭借自己的赫赫战功，必然会当选。与此同时，科里奥拉努斯毫不避讳地恭维那些贵族，而对平民毫无致谢之意。选民们在看到他的作为之后，纷纷改投科里奥拉努斯的对手，这直接导致了他的落选。

此时，科里奥拉努斯依然不思悔改，他把所有的责任都推到那些导致他竞选失败的平民身上，发誓要对他们实施报复。机会很快来了，一批物资运抵罗马，元老院开始为是否将这些物资免费发放给平民展开讨论。科里奥拉努斯当然不肯放过这次报复的机会，他用激烈的言辞反对将物资发放给平民，并建议将平民代表赶出统治层，由贵族全权主导一切。因为他的反对，导致平民免费分得物资的议案未能通过。

消息传出之后，罗马的平民立刻愤怒了，他们聚集在元老院门前，要求与科里奥拉努斯当面对质，当时科里奥拉努斯傲慢地表示，他是不会和下等人见面的。他的这一举动，引起了人们更大的愤怒，罗马的平民举行了一场声势浩大的暴动，元老院见事态严重，便同意了将物资免费向平民发放的议案，但是人们依然愤怒地要求科里奥拉努斯出来道歉，不然坚决不允许他再次奔赴战场。

科里奥拉努斯迫于无奈，只好走出元老院，压下心中的怒火向平民道歉，开始时他的语气还算温和，但是在受到平民接二连三的质问之后，他变得暴躁起来，言语越来越无理，最后甚至公然辱骂平民。震怒的平民立刻大声抗议，他们要求元老院判处科里奥拉努斯死刑，将他扔下悬崖。最后，经过贵族大费周折的劝说之后，最终科里奥拉努斯被判处终身放逐。平民取得了胜利，一场暴动这才得以平息。

总结整个事件，科里奥拉努斯之所以会从一个英雄变成惹人讨厌的公敌，最根本的原因，恐怕就是他太过心胸狭窄了。无论出现什么状况，总是别人的错，他是决计不会错的；别人做了有损他利益的事情，他是一定要报复的。却不知这种态度让他陷入了更加恶劣的处境之中，最终自食其果。

其实，每个人都有忌讳心理，都有自己与人交往时所不能提及的“禁区”。这个“禁区”就像人们常说的胖子面前不提肥、“东施”面前不言丑一样，对让他人痛苦的事情应尽量地避而不谈。这不仅是处理人际关系的技巧问题，更是对待朋友的态度问题。懂得说话不揭短的人，也往往懂得尊重他人，对他人尊重就是对自己的尊重，只有这样才能从心理上征服他人。

有一个从小就失去双臂的残疾年轻人，数年如一日地用脚代替手来打理自己的事情，并凭着自己的努力练出用脚指头夹笔写字作画的本领，成为一代画家，而他的画曾获得多个奖项，并被送到国外展出，这无疑让他从心理上获得了些许安慰。

举办画展的那几天，一直有媒体对他进行采访。一天，一个记者在采访时无意中问道：“你是靠脚指头成名的，那么对你来说，是脚有用还是手有用？”

这个问题正好戳到了画家的痛处，这让从小就失去双臂的他感到十分恼怒，于是他反问道：“维纳斯雕像是以断臂出名的，你说她是有胳膊美还是没胳膊美？”一句话堵得记者哑口无言，其采访宣告失败。

揭短、戳痛有时是故意的，那是敌视的双方用来互相攻击的武器；有时又是无意的，那是因为一不小心犯了对方的忌讳。有心也好，无意也罢，在待人处世中揭人之短、戳人之痛都会伤害对方的自尊，轻则影响双方的感情，重则导致友谊的破裂。

常言道：“金无足赤，人无完人。”生活是复杂多变的，每个人都有缺点，都会犯一些说话上的错误。由于种种原因，在与人交谈或共事时，说话若躲不开别人忌讳的话题，就要讲究语言技巧，要尽量把话说得委婉、含蓄些。在遣词造句时，不可说出那些带有直接刺激感官的字眼，无论对别人有多么不满，也不能揭别人的“疮疤”，拆别人的台。只有避免触及别人的痛处，平时的小吵小闹才不会让对方记在心里，用这种方式征服对方，才会让你在与人交往中更轻松、更愉快。

俗话说：“矮子面前莫说短。”那些面对着生理上的缺陷或是家庭不幸的人，他们本身就已经很痛苦了，如果你再有意无意地揭别人伤疤，只会让对方感觉更痛苦，所以，人们在碰到这种情况的时候就要加以避讳，尽量注意语言说词，不然只会伤人又伤己。

闲谈莫论人是非

在生活中，闲谈时谈论他人是非的人并非少数。有一句话叫作：“谁人背后无人说，谁人背后不说人。”这话虽然说得有些绝对，却也说明了一个道理，那就是大多数人都多多少少地在背后说过别人，只是所说的是好话还是坏话，就无从考证了。不过有一点，经常在背后谈论他人是非的人，肯定不会是受欢迎的人。因为凡是有点儿头脑的人，都会自然而然地这么想：“这次你在我面前说别人的是非，下次你就有可能在别人面前说我的坏话。”这样一来，你给别人的印象就不可能好到哪里去。

陈平与李燕是一对非常要好的朋友。一天，她们应邀参加另一个朋友的生日聚会。在宴会大厅里，陈平遇到了一个小学同学，于是热情地上前打招呼，二人很快就聊了起来。谈话过程中，陈平的小学同学提到了李燕，说：“我和李燕也是同学，她那个人实在不怎么样，不知道她现在在做什么，不过肯定不会有好的发展，像她那么自私的人，谁会与她交朋友！”听到这里，陈平说：“不要在别人背后说三道四，这样是不礼貌的，更何况李燕并非像你所说的那样，她为人很正直，我们已是多年的好朋友了。”说罢转身离开了。小学同学自觉没趣，再也没有与陈平联系。

闲谈是考验一个人品德高尚与否的重要标准之一。一个人如果在闲谈中，总是捕风捉影、搬弄是非，说明这个人的品格不高尚。所以，在与人相处时，一定要注意不要因闲谈用语不当，而损害自身形象。要把好口风，别给自己找麻烦。

莉莉是一个从不在背后说别人坏话的聪明人，她的两个朋友因为一件小事闹得互相之间很不愉快，两个人虽然平时见面还都装着一副无所谓的样子，然而一旦分开，就会对第三者发起“攻击”，将对方的“坏”处添油加醋地讲出来。

身为朋友，莉莉成了她们双方对对方不满情绪的汇集点。莉莉知道她们之间的一切，所以当甲对莉莉说乙的坏话时，莉莉尽可能地保持沉默，在适当的时候加进一两句劝导的话，不对乙做任何评论；当乙对莉莉说甲的坏话时，莉莉也同样不对甲作任何评价，同样在适当的时候对乙劝导几句。同时莉莉还做到一点：所有的话，无论是甲说的还是乙说的，都让它们到这里打住，再不外传。

一段时间过后，当甲乙二人都冷静下来时，回想起在莉莉面前所说的那些话，她们自己都觉得不好意思。由于莉莉处理得当，她们之间的矛盾没有进一步激化，好朋友终究还是好朋友，后来甲乙二人都对莉莉感激不尽，对莉莉更加尊重，并且愿意将所有的心里话对莉莉倾诉。

当你当着对方把第三者说得一无是处的时候，你自己的形象在对方的心目中也同样已经一无是处了。“闲谈莫论人非”，要想成为一个受欢迎的人，就要多说别人的好话，而不是背后说别人的坏话。所谓“病从口入，祸从口出”，其中的道理人人知晓。曾有人将舌头比作一把锋利的剑，杀人于无形中，这个比喻一点也不夸张。一句不负责任的话，很可能造成一场人间悲剧。与人闲谈时，一定要注意自己的言行，别让闲谈害了他人，损了自己。为了使闲谈不产生坏的影响，可以注意以下几点：

1.不说别人忌讳的话题。在闲谈中尽量回避对方忌讳的话题，用一颗爱心去体谅他人。要知道，任何人被击中痛处，都会受到伤害。所以，在与人交谈过程中，必须管好自己的嘴，不提及他人忌讳的话题。

2.控制情绪，以免出口伤人。许多人一旦被激怒，理智便消失殆尽，说出一些令他人不能接受的话，等到风平浪静后，回忆自己说出的话，又不禁后悔万分。所以，当自己即将发怒时，首先要控制好嘴，不管说什么样的话，都要本着不伤人的原则。

3.闲谈不说不着边际的话。双方交谈时，最好不要谈论第三者，即使所谈之事不可避免地涉及第三者，也要掌握好一个度，跟此事密切相关的可以谈，但没有联系的事必须就此打住。更不能当着交谈者的面，用不礼貌的语言评论第三者，或用侮辱性的语言诽谤第三者，这些都触犯了谈话禁忌。别人会对你产生看法，对你提高警惕，不会再与你畅所欲言，担心与第三者遭到同样待遇。

4.不要嘲笑对方失言的地方。闲谈中，对方的言谈举止有失态的地方，不宜嘲笑，即使要提醒对方保持风度，也要采取适当的手段，给别人留面子。在闲谈中，经常给别人留台阶，才能表现出一个人的君子风度。时间长了，会给人留下宽容豁达、胸襟磊落的好印象。

闲谈中，必须用好大脑管好嘴，不要因一时口误而造成不可挽回的损失。要想成为一个受欢迎的人，闲谈中就要多说别人的好话，而不是背后说别人的坏话。

对别人的隐私要守口如瓶

什么是隐私？“隐”就是隐蔽，不公开。“私”就是个人的、自己的。可见隐私就是个人的、隐蔽的、不公开的秘密。

隐私，每个人都有。通常人们都会对自己的隐私守口如瓶，而假如一个人非常信任另一个人，就会把自己的隐私说给对方听。当别人把自己的隐私告诉了你，就是非常信任你的表现，同时也希望你能一直为他保守这个秘密。当然也有这种情况，你无意间知道了别人的隐私。

无论是哪种情况，在说话的时候，都要切记不可把别人的隐私泄露出去，一定要做到守口如瓶。即使你在与他人交谈的时候，已经无话可说了，也不要拿朋友的隐私当谈资，要谨记言之有忌的原则，宁肯“沉默相对”，也不要泄露朋友的隐私。

因为守住了别人的隐私就是守住了别人对你的信任，也就能守住精彩人生最坚固的堡垒—朋友。但是要守住别人的秘密也不是一件容易的事，当别人把他的隐私告诉你的同时，给予你的不仅是信任，也无形中给了你某种压力。

尤其是别人对这件事强调了很多次以后，就会无形中让你觉得压抑。长时间有话憋着不说，会让人觉得很郁闷，这是考验你耐性的时候了。

一个行为高尚的人，总是能够尊重别人的隐私，对别人的隐私守口如瓶，即使是对自己最亲近的人，也不会透露半句。

而那些行为卑劣的人，他们就会利用别人的隐私，有时候是为了和另一个人套近乎，用别人的秘密去获得另一个人的友谊，殊不知，在公开别人隐私的时候，自己的品德也受到了怀疑。

大华和小京曾经是一对很要好的朋友，他们从小一起长大，可以说对彼此知根知底。后来大华上了大学，小京去了专科学校。两个人有很长一段时间没见面。有一次大华带着自己的女朋友回到家乡，正好小京也回乡了，二人约好一起吃饭。

由于很久没有见面了，两个人兴致很高，喝得有些微醉。喝醉后的小京，一直在说大华小时候的隐私，这让大华很尴尬，但也无可奈何，用眼神示意他不要再说了，但是说得正欢的小京根本没有注意到这一切，还是滔滔不绝。

后来小京还说："当初大华为了追我们班的班花，可谓是受尽了折磨。一次大华远远跟着班花，想送她回家，哪知人家根本不领情，到了家门口，就放狗，班花家的那条狗又肥又壮，吓得大华拔腿就跑。狗一直在后面追，眼看就要追上了，大华赶紧爬到了树上，还没爬多高，狗就追上来了，跳起来咬住了大华的裤脚。然后，大华的裤子……哈哈……就被狗咬掉了，但是大华还是一直抱着树干不敢放，过路的人都忍不住大笑，后来一位大爷从旁边经过，用棍子赶走了那只大狗。才帮大华解了围。"

小京一边说，还一边哈哈大笑，弄得大华尴尬极了。毕竟是面对自己的女朋友，这样尴尬的事情实在让大华在面子上过不去。尤其是后来，女朋友总是用这件事拿他开涮，弄得大华每次都无言以对。心里不停地埋怨小京，以后回乡也不敢再联系小京了。尤其是有外人在场的情况下，坚决不约小京，怕小京一不小心又说出自己的隐私、揭自己的老底儿，让自己颜面扫地。

小京说话没有忌讳，揭了大华的隐私，结果失去了大华的信任，失去了这个朋友。假如小京言之有忌，就不会出现这种情况。所以说，说话的时候，言而有忌是非常重要的。该说的可以说，不该说的就不要说，甚至一个字也不要提，尤其是在对对方来说很重要的场合，说话更要有所忌讳。

那么怎样守住朋友的隐私呢？有句俗话说：左耳进，右耳出。这句话的意思是，一个人不把别人的话放在心上。虽然大多数时候，这句话是不积极的，是我们应该规避的。但是当别人把他们的隐私透露给我们，或者是把另外一个人的隐私透露给我们的时候，我们就需要让自己达到这样的境界。“左耳进，右耳出”，就不用担心自己会一不小心说漏嘴。其实这是守住别人秘密的最好方式，而这也真正做到了守口如瓶。

当然，“左耳进，右耳出”需要一种境界，这种境界，很难达到。要言之有忌，却很容易做到，只要你够理性，就一定知道哪些不能说，也不会说。这样的人，才能赢得朋友的信任，才能享有精彩的人生。否则，不是他背叛朋友，就是朋友背叛他。

守住别人的隐私，就是守住了别人对你的信任。而守住别人隐私最好的方式就是降低自己的好奇心，以"左耳进，右耳出"的非八卦心态处之，才能真正做到守口如瓶，对得起朋友的信任。

切莫口无遮拦，避免刺伤他人

说话是为了正确地表达自己的思想和意见，而不是光图个嘴巴痛快，胡乱发泄自己的情绪。有些人总是在批评别人说话没有经过大脑，总是爱随便说话，却很少检查自己有没有乱说话的时候。俗话说：说者无心，听者有意。说话口无遮拦的人总是不经意间伤害到别人。这样的人固然心直口快，但不顾别人的感受，往往令人讨厌。还有的人特别是在生气的时候，就会乱发脾气，无论对谁都一样，结果伤害了很多人，甚至使一些无辜的人躺枪中弹。久而久之，这样的人就会被疏远，不被待见。

对于想要拥有精彩人生的你来说，说话的时候应当以此为鉴，不要落得被人疏远的下场。也就是说，一定要经过大脑思考，在一句话说出口之前，一定要先想想这样说会造成什么样的影响，要言之有忌，切莫口无遮拦，刺伤他人。

《三国演义》中，关羽过五关，斩六将，温酒斩华雄，匹马斩颜良，偏师擒于禁，擂鼓三通斩蔡阳，“百万军中取上将首级，如探囊取物耳”，自以为“威震华夏”“天下无敌”。刘备自立为汉中王后，封“关、张、马、黄、赵”为“五虎上将”，关羽居首。可关羽听说黄忠也被封为“五虎上将”之一，就大为恼火：“黄忠何等人，敢与吾同列，大丈夫终不与老卒为伍！”

关羽驻守荆州期间，孙权派诸葛瑾到他那里，替孙权的儿子向关羽的女儿求婚：“求结两家之好”，“并力破曹”，这本来是件好事。以婚姻关系维系巩固政治联盟，历史上多有先例。但是，关羽竟勃然大怒："虎女焉能嫁犬子？"

不嫁就不嫁，为何如此出口伤人？试想这话传到孙权那里，孙权的面子如何吃得消？又怎能不使双方关系破裂？

关羽的傲慢和目空一切，使他的言语成为利刃，深深刺伤了每位愿与他交好的人，这也为他的悲剧命运埋下了伏笔，他最终落了个失荆州，走麦城，人头落地的下场。这不能不为我们后人所警醒。

有这样一则童话故事。说从前有一位樵夫，在山上砍柴的时候，救了一只小熊。母熊知道了这件事情后，对樵夫感激不尽。一天，母熊准备了丰盛的晚宴答谢樵夫，并留樵夫在家过夜。

第二天早上，樵夫准备离开。母熊问樵夫说："在这里住得满意吗？"

樵夫口无遮拦地说："你招待得很好，我很满意，唯一让我感觉不舒服的就是，你身上有一股骚臭味儿，整个房间里都能闻到。"

母熊听完后很不开心，但是嘴上却说："你救了我的孩子，我也没法报偿你。这样吧，你既然感觉不舒服，就干脆砍我一刀吧，不然我心里过意不去。"

樵夫听完后，就真的砍了母熊一刀。

很多年后，樵夫去山上砍柴，又和母熊相遇了。樵夫问："你身上的伤好了吗？"

母熊说："身上的伤痕很快就好了，但是心里的伤却永远也好不了。你那次说的话，我一辈子也不会忘记。"

是的，语言上的伤害有时候是最伤人的，也是最难忘记的。樵夫口无遮拦，给母熊心理上造成了极大的伤害。俗话说：恶语伤人六月寒。身上的伤痕能够愈合，但是心里的伤痕却是难以愈合的。因此我们在说话的时候，要注意切莫口无遮拦，刺伤别人，一定要言之有忌。一个心直口快、言之无忌的人，会有意无意地对他人造成伤害，甚至招人记恨，这就等于无形中给自己树了敌。如果不做出改变，一直如此的话，就等于把自己陷于孤立状态。如此一来，还怎能立足于社会呢？

沈彤是是一位办公室文员，她平时不爱说话。但是假如别人就某件事情征求她的意见时，她总是无所顾忌，说出来的话总是很伤人，直接捅到别人的痛处。

有一次，同部门一位同事买了件新衣服，别人都说好看，很漂亮。可是当问到沈彤时，她却说："要我说嘛，这件衣服本身很漂亮，但是你穿着就不合适了，整个人看上去像个水桶似的，因为你比较胖。而且这个颜色，你穿着也太嫩了。总之一句话，根本就不适合你。"

这话一出口，原本兴致勃勃的同事表情马上就僵住了，而周围大赞衣服好看的人也很尴尬。每次别人问她意见的时候，她都是如此回答，甚至比这更直接、更露骨。让别人觉得很受伤，久而久之，别人也渐渐疏远她了。因为，沈彤说的话就是大家都不愿说的、得罪人的"老实话"。虽然有时她也很为自己说出的话不招人喜欢而后悔，但她总是忍不住说些让人接受不了的实话。久而久之，同事们把她排除在集体之外，有什么活动也不愿意邀请她参加，她成了这个办公室的"外人"。

可见，要想拥有良好的人际关系，要想享有精彩的人生，不可不知言之有忌的说话原则。

要知道，有的话可以直说，但有的话不能直说；在有的人面前，你可以口无遮拦，但在有的人面前却不能。要是不知道这些忌讳，必然会刺伤别人，最终也会伤及自己。一个人必须学会思考，一个人的嘴巴必须知道适时关闭，这样才不会被嘴巴连累，吃"一吐为快"的亏。

生活中有很多不愉快的事情，都是因为口无遮拦刺伤别人而引起的。因此在话说出口之前，一定要理性地、慎重地思考，知道适时闭嘴，如此才能把话说得中听，也才容易获得别人的好感。

狂言不出，麻烦不来

“满招损，谦受益”，这是再浅显不过的道理。然而有许多自以为有点资历的人总是在这个道理上犯错。只要在人多的地方，他们就会产生一种莫名的鹤立鸡群感，优越感特强，总是张着“大嘴”卖弄自己的所谓本事。更要命的是，他们说话不分轻重，经常忽略了说话应该给自己留些余地的道理，只要嘴巴一张，便是狂言乱飞，甚至不惜以贬低他人的手段，来抬高自己伶牙俐齿的“嘴功”。

说话口出狂言的人，最容易招惹麻烦。例如，有的人因为自己的一点儿小成就，就目空一切，口出狂言，而实际上却并没有这样的能力，到最后让自己无法收场。这就是言之无忌、口出狂言给自己带来的麻烦。

所以我们说狂言一出，麻烦也就随之而来。因此，要想少惹麻烦，就要把“说狂言”当作是说话中的一大禁忌，严格要求自己不说狂言。少给自己惹麻烦，自然就为精彩人生做了一定的铺垫。

马峰是公司里的技术能手，在公司很有地位。但是，他智商高，情商低，有些目空一切，不注重营造良好的人际关系，说话很狂妄，在自己的同事面前也总是一副高高在上、颐指气使的架势，对办公室的行政人员更是不屑一顾，到办公室领取办公用品时，他总要显得与众不同。

按照公司的规定，任何员工领取办公用品时，都必须先填表格，可他却偏偏不填表格，反而认为别人是在找他碴儿，对行政人员恶语相向，说什么

“一个打杂的，有什么神气的”。一次，他在领办公用品时，狂妄地对一个同事说：“你有什么神气的？烦着呢，就数你们规矩多！要不是有我这个衣食父母，你们早就失业了！”

马峰的话激起了同事的愤怒，大家纷纷找他，要他给个说法。结果，在老板的劝说下，总算息事宁人了。但是，这件事令行政人员非常伤心，心里对他有说不出的憎恨。不久，老板又将一个很厉害的电脑程序员王哲招进了公司。没多久，王哲在技术上就达到了马峰的水平，在公司取代了他的位置。马峰在公司不再是技术上的唯一高手了，他心里感到非常失落。尤其让他难堪的是，马峰以前奚落过的同事总是当着他的面和王哲开玩笑：“王哲，在技术上多照顾我一下啊！你可是咱们的衣食父母……”

后来，马峰发现在公司里几乎没人理睬他了，他觉得很没意思，只好主动辞职。

现实中，人都是有自尊的，如果你确实看不起某人，则放在心里自己知道就行了，而不是将它到处宣扬。人的能力有高有低，但是在人格上总是平等的，任何一个人都没有理由看不起别人。看不起别人，既不能给自己带来好处，又是对人的不尊重，在交际中对自己非常不利。

在美国男子职业篮球联赛（NBA）中曾有一个因口出狂言而惹麻烦上身的故事，人们把这个故事称之为“吻屁股”。

在NBA2002赛季刚开始不久，姚明新加入了休斯敦火箭队，有人对他嗤之以鼻，尤其是原NBA球星巴克利。有一次，在TNT电视台的《NBA内部秀》的节目上巴克利口出狂言，扬言姚明能在这一年的任何一场常规赛中得到19分的话，他就亲吻肯尼·史密斯的屁股。

结果在火箭队和湖人队对抗的过程中，姚明一举拿下了20分，立即让巴克利傻了眼。而肯尼·史密斯得知了姚明的成绩后，坚持让巴克利履行自己的诺言。

巴克利自己言无所忌，口出狂言，最后，只好硬着头皮去履行自己的诺言，对着镜头吻了肯尼·史密斯的屁股。

巴克利也因为这件事情一直被人嘲笑。对他来说，这无疑是精彩人生中一大败笔。

俗话说，祸从口出，口出狂言轻则会招致麻烦，重则可能招致祸害。在我们生活中也常会遇见这样的人，他们常常口出狂言："这世界上没有我办不到的事。"但是当别人真正去找他的时候，他却推三阻四。言之无忌讳，爱说大话的人，最后总是会被自己说的话所困扰。

因此，说话要言之有忌，不要口出狂言，把不可能说成可能，否则很容易为自己惹来麻烦，给自己的人生添堵。

说话时切记不要口出狂言，不要卖弄自己的所谓本事，须知"人外有人，天外有天"。如果说话不分轻重，不给自己留有余地，在关键时刻容易暴露出力不从心的低能不说，还很容易为自己惹来麻烦，误事误人也误己。

玩笑不可过度，要适可而止

交谈中开个得体的玩笑，不仅可以让你的话语锦上添花，还能活跃气氛，显示出你的幽默，给对方一个容易打交道的好印象。兰卡斯特大学的组织心理学教授卡里·库珀曾说：“懂得在恰当的时候逗一逗乐子，能让人们知道你很坦诚、可爱，不是什么像机器人一样的技术专家。”但是，开玩笑要看准对象，要适度。开玩笑过了度，是不会被人喜欢的。开玩笑过度的人会被习惯性地认定为“刻薄”的人，容易引起他人反感。

某广告公司里的一位员工小张，新婚不久就开始发福，纤瘦的身材逐渐胖了起来，或许是因为婚姻有了归属、生活稳定的缘故吧！

有一天，单位一位男同事的妻子来公司给丈夫送东西，不料与小张相遇了，而小张恰好与她是旧相识，大家聊了一会儿。男同事的妻子突然对小张说：“哎呀，你怎么搞的呀，现在胖成这个样子，脸胖得都看不到眼睛了，再发展可就真的不堪设想啦！”在场所有人听了都大笑起来。

可小张的脸却顿时沉了下来，没说一句话，转身离开了。等笑她胖的人都走了以后，她再也压不住心中的火气，破口大骂。同事送走妻子回来后，见此情景立即赔不是，场面搞得十分尴尬。后来，小张再也没有与同事的妻子来往。

朋友间开玩笑要讲究个分寸，即使双方关系再好，开玩笑也要注意别太过火，避免恶语伤人的现象出现。有点儿过但无伤大雅，这样的玩笑还是可以开的，但故事中男同事的妻子与小张开玩笑时的用词，确实太损了些，小张难以接受是情理之中的事儿，与同事的妻子断绝情分也是预料之中的事情。

生活中，因为一个玩笑而造成的悲剧实在是数不胜数，究其根源大多数是因为玩笑开得太过火，造成了恶语伤人的后果。所以，开玩笑要讲究分寸，千万不能给他人造成伤害，损害了双方关系，那才是得不偿失。那么，我们该怎样在开玩笑时，做到适可而止呢？

1. 内容要得体。玩笑的内容代表着开玩笑者的思想高度与修养水平。内容健康的玩笑，让人感觉是一种精神享受。如果玩笑内容不雅，充斥着污言秽语和低级庸俗的语言，不仅污染了语言环境，侮辱了对方，令对方反感，而且也表明了自己的情趣鄙俗，水平低下，甚至会令对方对自己的人品感到怀疑。

在和长辈或者晚辈开玩笑的时候，尤其不能轻佻放肆地大谈男女情事。当其他同辈人之间开这方面玩笑，自己以长辈或晚辈的身份在场时，最好不要插话，若无其事地旁听即可。

2. 态度要得体。开玩笑时要表现出友好的态度，别以为你趁着开玩笑的时机，发泄心中的不满，对别人冷嘲热讽，别人感觉不到。人家可能只是表面上不跟你计较，但是在心里早就觉得你是一个不懂得尊重别人的人，不愿再跟你交往了。

3. 行为要得体。很多时候，开玩笑的同时会伴有肢体动作和行为，这些动作和行为也千万不能过了头。小王和小李是相识很久的老朋友了，然而就是那一次玩笑让两人闹得很不愉快。怎么回事呢？那天，小王和小李在讨论设计方案，一个难题让两人都陷入了冥思苦想之中。突然，小王想出了解决办法，原来所有的困难都是因为小李的疏忽，统计错了一个数字。这时候，小王伸手往小李脑门上一拍，说："你脑子怎么了？"这让小李感到很恼火，认为这是很不礼貌的行为，一下子跟小王翻了脸。

4. 场合要合适。开玩笑要分场合，有些庄重正式的场合不适合开玩笑，千万不要在这时候"抢风头"！面试的时候，不要随便和你的面试官开玩笑，搞不好一句话就会让你得不到饭碗；开会的时候，不要随便开玩笑，那是给你自己找麻烦；向领导汇报工作的时候，不要随便开玩笑，领导说不定以后不再重用你，认为你是一个不稳重的人……

办公室是一个尤其要注意玩笑尺度的场合。无论你想日后平步青云仕途升迁，还是想默默无闻地与世无争，都要在办公室里学会开玩笑的艺术。另外，不要总是在办公室里开玩笑。时间长了，同事们会觉得你不够庄重，慢慢地变得不尊重你。领导也会觉得你不够成熟，不够踏实，不再对你委以重任。

5. 玩笑要有度。玩笑应该开到什么程度，我们必须心里有数。如果不管三七二十一，更不管对方能否接受地乱开玩笑，也许会惹恼对方，最后乐极生悲。

6. 开玩笑要看对象。同样一个玩笑，可以对甲说，但不一定可以对乙说。开朗大方的人，可能不介意你有些“恶毒”的玩笑。但是，有些内向的人开不起玩笑，你的玩笑很可能会惹来他的怨恨，引起他敏感的琢磨，从而对你的动机产生误会。

同样一个玩笑，在某人高兴的时候说，跟在某人不高兴的时候说，效果可能会是天壤之别。对方心情好的时候，你玩笑过了头，对方可能只是付之一笑；然而，当对方心情不好的时候，你的玩笑稍微一过头，可能就会招来对方的白眼。

和不相熟的异性在一起时，尽量不要开玩笑，即使是正经的玩笑，也可能会引起对方的反感，还可能会引来别人的非议。一般来说，男性对语言的承受能力较强，一般的玩笑话不会导致男性的难堪；女性对语言的承受能力较弱，不得体的玩笑会使女性害羞难堪，甚至“下不来台”。所以，开玩笑时一定要注意男女有别。

开玩笑必须内容高雅，乱开玩笑会惹麻烦。我们在与人开玩笑时，必须要懂得适可而止，不能违背了礼仪，要保持一种分寸感，做到得体含蓄，点到为止。

多把别人挂嘴边，少标榜自己

有些人被虚荣心或荣誉心所驱使，总是在人前人后吹嘘自我。如果每天他人见到的都是你在述说自己的丰功伟绩，久而久之，朋友就会离你越来越远。做人要谦虚，即便自己有能耐，也不能忘记他人对你工作的支持。总是强调自己有多么了不起的人，又怎么可能受到别人的欢迎呢？

小王刚到公司不久，就做出了大成绩，做了项目组长。同事小兰很是赞叹："小王，你真是太强了，这就升职了！"

"小意思啦，那个项目本来就简单。再说，你也不看看我是谁，我可是名牌大学毕业的高才生，没两把刷子，还怎么混呢。"小王扬扬得意道。小兰连忙点头称是。

后来，小兰跟同事小林说："小王的组长干不长，小组肯定没人会听他的，更没人会喜欢他。"

小林不相信。但不久之后，小林就惊奇地对小兰说："你真神啊，都被你说对了，他们小组的组员有的去了别组，有的居然离职了。现在他几乎成了光杆司令。你是怎么看出来的呢？"

小兰笑了笑："他说话太狂了，恃才傲物，目中无人，成为光杆司令是必然的结果。"

有的人不仅自高自大，还喜欢打压别人。要是觉得人家不如自己，就拼命地贬低，把人家说得一无是处，试图显示自己的本事和贡献。这样的做法是最不得人心的。若能待人客气一些，则能够避免许多不必要的麻烦。

老刘是一家建筑公司的机械工程师，因为有很多年的实践经验，所以老刘的技术在公司里是数一数二的。最近，公司新来了一个比老刘年纪小的工程师，虽然工作的时间没有老刘长，但是技术却不在老刘之下，这让老刘心生嫉妒。

有一次，公司接到了一项大工程，在工程施工的过程中，机械出了一点儿故障，老刘弄了很久也没有将故障排除，但是新来的工程师一小会儿就把故障排除了。大家纷纷称赞这个新来的工程师，老刘站在一边感到很难堪。

新来的工程师却握住老刘的手，谦逊地说："不要夸我了，是刘师傅把前面的很多问题都解决了，才让我这么快就弄好了这台机器。如果不是刘师傅做好了这些事情，我还不知道要花多长时间才能把这个故障排除呢。"

老刘听到这样的话，顿时觉得舒服多了，笑道："哪里，哪里，还是你的技术高明，解决了最关键的问题。"

新来的工程师的说法，既没有伤害老刘的面子，也没有抬高自己的功劳，这样做不但维护了老刘的尊严，也使得老刘放下了心中的怨念，同时，还让人感受到了一种胸襟和气度。

少标榜自己，多把别人挂在嘴边，是一种谦虚、有涵养的表现。不仅如此，我们还应该尽量抬高别人的地位，这样做对于我们自己而言，是没有坏处的。

哪怕是在做自我介绍的时候，也别只顾着说自己的信息，此时若能够对他人致以问候，会让你的自我介绍更加吸引人。

在一次销售员见面会上，大家轮流做自我介绍，分别报了姓名、家乡以及职业，几乎是通用版本"大家好，我叫××，来自××，现在做销售"，唯有安小姐的自我介绍令大家耳目一新。

她说："大家好，能在这儿见到这么多朋友，真令人兴奋。我是天马物流公司的安然，这是我的名片。"她满脸微笑，声音极具亲和力，把名片派发给大家之后，又简略介绍了她负责的业务范围，并且说明如果有需要尽管联系她。

安然的自我介绍，一开头就说到了其他人，而不是只顾着介绍自己的情况，这说明什么呢？她很关注别人。相反，那些做自我介绍只顾着说自身情况的人，往往很难与他人产生互动，更不必说受到人们的欢迎了。

不论什么时候，与人相处都要站在对方的立场考虑，控制情绪，保持理智平衡、态度谦逊、虚怀若谷，让人感受到尊重和平等。

把你帮助他人的事情全部忘掉

老王是少有的热心人，他特别喜欢帮助别人。同事、朋友之间，只要是能够插上手的，老王总会乐呵呵地帮上一把，用他自己的话说，反正闲着也是闲着，不如帮人一把。故而他从来都不吝惜自己的时间，也不在乎经济上的一些损失。

尽管大家都知道老王是个乐于助人的好人，但不知为何，大家都对老王敬而远之。

以前老王有个十分要好的朋友，现在大家都称他为“老张”。在老张还没有老婆的时候，老王特别殷勤地帮他介绍了一个。人们看老王为自己朋友的事情忙里忙外，比老张本人还积极，都觉得老王不错。

但是后来，细心的人渐渐发现，老张经常躲着老王，两个人的关系看起来并不好。于是有人就问老张：“这到底是怎么回事啊？你们不是铁哥们儿吗？”

老张很尴尬，便说了一件事情：结婚那天，老王当着新娘子的面，一遍又一遍地讲他帮助老张忙活结婚的事情。

老张说：“当时老王说的话，让我感觉没脸见人，原来我这么没用，娶个老婆没有出一点儿力。这事一直到现在都让我的心里沉甸甸的。唉，这大概就是不能承受的恩情吧……”停了半晌，老张又不甘地加了一句，“你们不知道啊，他那意思似乎就是说，没有他，我就要打一辈子光棍。”

就这样，老王的行为让老张一直如鲠在喉。一来二去，老张便与老王疏远了。

像老王这样的人，在生活中并不少见。他们总是喜欢将施恩于人的事情挂在嘴边，似乎特别担心别人会忘记他们的恩情。但是这样做不仅无法得到别人的感恩、佩服和亲近，还会使彼此的关系疏远，甚至引来别人怨憎。为何会如此？

这是因为每个人心中都希望自己是受人肯定和认可的独立强者，而不是可怜的、需要帮助的弱者。有个人帮助了我们，我们会感激他，会想办法报答他，但如果他总是提醒我们“没有我的帮助，你就没有今天”，总是强调我们被帮助的历史，相信没有几个人心里会觉得舒服。

可是，那些给予你恩情和帮助的人当中偏偏有些不通人情世故、不懂受助人心理的人，想要在受助人面前抬高自己，想要让受助人承认他们是永远的弱者。于是，受助人会如同受到了某种侮辱，因此心生别扭、不满、厌烦，甚至愤怒。

将心比心，我们便知道总把对他人的恩情挂在嘴边是幼稚的。因此，当我们帮助别人，或给别人好处的时候，要特别注意别人的感受，千万不要总是提起这些事情，最好将这些事情忘掉。

有个人送了朋友一条名牌牛仔裤，从此每逢见到对方穿着时，必然指出那是他送的。不见对方穿着时，他又会问：“我送给你的那条牛仔裤呢，还合适吗？”

有一次，朋友穿了那条牛仔裤，又被这个人说起。这位朋友实在忍受不了了，便闷声不响地把牛仔裤脱下，递给他：“宁可出这种丑，好过为你作免费宣传。”

如果你是故事中的朋友，你是不是也会感到不舒服呢？而这样一个哪怕只是顺手帮了朋友一个小忙也一天到晚挂在嘴边，总是提醒受恩惠者要记得的人，给我们的印象是怎么样的呢？相信没有几个人会喜欢他们。

相反，那些能够将自己施恩的事情忘掉、不计较个人得失的人，因其胸襟与潇洒，往往会受到他人的尊敬。

有位不算富有的女孩，很喜欢名牌衣饰，然而买回来不久便又生厌，于是就送给周围朋友。

有个朋友收过她一件名牌衬衫，过了若干年，刚好跟她吃饭时就穿着那件衣服，便对她说："这件衬衫是你送给我的，穿了这么多年也没走样。"她听后说："你喜欢就好。"

这个女孩是懂人心的，她也很受朋友们的欢迎，朋友们对她的评价，不是慷慨与幽默，就是大气与洒脱。她听到大家的赞扬后十分快乐，人缘也是极好的。

事实上，帮忙、给人好处也要注意方式。首先，帮忙的时候，要高高兴兴，不可以心不甘情不愿，这是最起码的一点要求。其次，千万不要给对方增加心理负担，而是要让人觉得你的帮助是自然而然、顺理成章的，这样对方才会乐意接受并体会到你的关心。

每个人心中都希望自己是受人肯定和认可的独立强者，而不是可怜的、需要帮助的弱者。因此，总把对他人的恩情挂在嘴边的做法是幼稚的，即使你确实帮助过别人，也要特别注意别人的感受，千万不要总是提起而招人不快。

失意人面前，不说得意事

人人都有得意的时候，也有能拿来炫耀显摆的地方，可若不懂得收敛，就会搞到没朋友，亲情、友情的小船说翻就翻。别人正愁眉苦脸、心如死灰呢，不懂安慰也就罢了，递上一罐啤酒，送上一个拥抱，总比趁机宣扬自己的“得意之事”要讨喜得多。

有些话，说错了时机，找错了人选，就成了浅薄的代言。分享没有错，但分享要看场合、看情况，别人的日子正遭遇着一场暴风雪，你却大谈特谈生活多么温暖甜蜜，是不是有点儿不近人情了呢？

有一次，老梁约了几个朋友来家里吃饭，这些朋友彼此间都很熟悉。老梁把他们聚在一起主要是想借着热闹的气氛，让心情不佳的老洪放松一下。

因为经营不善，在不久之前，老洪的公司破产了，他的妻子也因为不堪生活的重压，正与他闹离婚。内外交困之下，他感到很难受。

大家都知道老洪目前的遭遇，因此都不约而同地避免谈及与事业有关的事。可是爱喝酒的老肖没能管住自己，几杯酒下肚，就开始大谈自己的风光。

因为老肖那阵子正好赚了不少钱，于是他就显摆起自己赚钱的本领，并不断地对老洪说：“老洪，亏那点儿钱算什么呢？跟我混，不用半年，保证全赚回来。”

老肖一边说话，一边拍着胸脯，那得意的神情，别说失意的老洪看了不舒服，其他人也看不过眼。

结果闹得大伙儿都很尴尬，话题明显越来越少，只听老肖高谈阔论。老洪更是低头不语，脸色非常难看，一会儿说去上厕所，一会儿说去打电话。

后来大家都早早散了，老梁送老洪出门，在门口，老洪忍不住愤愤地说："赚钱多很了不起吗？这么得意干什么？"

在失意之人面前说自己的得意，这是不懂人心的做法。现在有些人确实不注意这样的小节，说话大大咧咧，好像就怕别人和自己的关系太好，拼命地用自己的得意去衬托别人的失意。

老肖或者真的有心帮助老洪走出困境，但是我们必须清楚一点：人们做事能否成功，往往并不取决于动机是否正确，而是取决于方法是否恰到好处。

比如别人事业失败，跟你诉苦。与其以成功者的姿态来指导，不如告诉他，你当年跌得比他更惨，是一点一点又做起来的。于是他明白了"失败是成功之母"，便鼓足干劲，以图东山再起，相信他日一定会如你一样成功。

当然，你所说的可能不一定真实。但你必须知道，他人向你诉说自己的失意之事，只是想从你口中得到一番安慰。所以你讲一点儿自己"失意之事"，让他们从你的身上看到自己还有"得意"的机会，就算说一些善意的谎言又何妨呢？

然而老肖当时完全没有顾及这些，他的张扬和得意，让老洪更加不好受。这到底是帮人，还是损人呢？

我们不妨扪心自问，自己失意之时，若他人在我们面前大谈他的得意之事，我们的感受会怎样呢？

因此，我们在叙说的时候，要注意面前对象的心情。假如你和得意的人谈失意的事，对方可能会应付你，很少会表示真正的同情，甚至对方还有可能会误会，以为你是要请他帮忙，这样一来，他很可能就会预先带着防备心与你交流，而无法长谈。

而失意的人心理就像脆弱的蛋壳，稍一碰触就会被击碎。人在情绪低落的时候，比平日里更容易多心，别人所说的每一句炫耀得意之事的话，在他听来都是充满嘲讽和讥笑的，他会觉得别人是在故意戏弄他，看他的笑话。更糟糕的是，有时候这种负面的情绪还会演变成记恨，植于内心深处。他不仅会疏远你，在你日后遇到麻烦的时候，就算他能帮忙，也未必会伸出援手。

因此，如果你要诉苦，不妨找处境相似的人，同病才会相怜，同是天涯沦落人，彼此理解，这样才能得到精神上的安慰。

同样，如果你人生得意，则要找同样得意的朋友，一起出去庆贺。这样彼此才能玩得痛快自在，而不必担心出现话不投机的尴尬。有得意的事情应该和得意之人去谈，这样才志同道合。千万不要找失意之人诉说和分享你的得意。

当你有了得意之事，不管是升了官，发了财，还是一切都觉得顺利的时候，都不应该在失意人面前高谈阔论，要体谅他们的心情。处于失意之中的人，对一切都很敏感，即使你是无心之语，也有可能会伤害了对方的自尊。

让人说完，别打断他人的交谈

很多人都特别讨厌别人打断自己说话，而那些总是喜欢打断他人说话的人也是非常没有礼貌的。我们都希望被人尊重，不希望在自己侃侃而谈的时候被人打断。如果有人故意打断你的谈话，无论如何心情都不会好的。

周小姐应邀参加一个朋友举办的生日酒会，在酒会上她看见一位她很仰慕的著名专栏作家。她整理好自己的仪容，拿着一杯酒准备过去向专栏作家介绍一下自己。

但是这位作家被一群人包围着，周小姐根本不可能靠近她。她只有站在不远处，等待这群人慢慢地散去。过了一段时间，周小姐终于等到了一个机会，此时作家正在和几个人聊着什么。

周小姐来到他们中间，忙着向作家介绍自己。她这样一介绍，就打断了作家和那些人的谈话，但是周小姐并没有看见大家不悦的表情，她急着要把自己对作家的仰慕之情表达出来。

作家和她的朋友只能听着周小姐喋喋不休，没过几分钟，这些朋友只得无奈地纷纷走掉了，只留下作家和周小姐。

周小姐终于结束了对自己的介绍，她以为自己在很短的时间里就能够和作家熟识，但是最后，作家只是跟她说：“很高兴认识你。”周小姐感到很失望，她觉得是作家太傲慢了。

然而，她不知道的是，在别人谈话的时候，随随便便地打断人家，介绍自己，是一种很不礼貌的行为。试问，谁会喜欢一个在第一次见面就这样不礼貌、没分寸的人呢？

因此，在别人谈话兴致正浓的时候，不要打断对方美好的感觉。美好的感觉被打断，肯定会影响人的心情，让人失去平和的心态，导致尴尬的局面。

在一片绿茵茵的草地上，老师带着一群学生围坐成一圈。一个十四五岁的少年站在中央，正在满怀激情地朗诵诗歌：“让拥抱陆地的海洋/永远不失蓝色的梦幻吧/就像青春的童话……”

话音未落，就有几个学生嚷嚷起来：“读错了，读错了，是清纯，不是青春……”

被打断的少年非常害羞，脸红彤彤的，只好返回来重读，却没有了半分激情。刚刚酝酿起来的感情，就宛若一簇脆弱的小火苗，被轻易地打断扑灭了。

诗歌朗诵完毕，老师站起来点评：“他第一次朗诵得很好，虽然读错了一个词，但我要给他打九十分。第二次朗诵虽然没有读错字，但没有朗诵诗歌的激情，所以我只打六十分。”

周围的同学听了老师的话，一片哗然：“不公平！读错字了，怎么能给这么高的分呢？”老师说：“大家安静一下，接下来我要批评你们，在刚才第一次诗歌朗诵的时候，你们不应该打断他！”老师指了指朗诵诗歌的少年。

众学生疑惑道：“为什么？他出错了，就应该帮他指出来啊！”老师点了点头，道：“没错，你们可以指出和帮他纠正错误，但为什么不能在他读完之后纠正呢？你们这样一打断，不仅是对他错误的指出，还是对他的努力和热情进行否定，导致他在第二次朗诵的时候，就没有了热情。朗诵诗歌没有了热情，又怎么可能有好的效果呢？”

学生们都陷入了思考。过了一会儿，老师接着说：“我们要尊重别人，在别人说话时，不要随意打断别人，给别人的心里添堵。将心比心，如果别人打断我们说话，我们的心里会好受吗？”

这位老师的教导可谓清楚明白，但是生活中偏偏就有很多人习惯于打断别人说话，而且他们毫不在意，甚至有不少人根本就没有意识到这是一种不礼貌的行为。

不要随意打断别人，尤其是在别人正商议某件非常重要的事情的时候，因为你的加入，他们无法集中思想继续谈下去，可能就会导致失败。

姜先生终于开始创业了，他开了一家贸易公司，准备大干一场。这一日，姜先生约了几位大客户到办公室里谈生意。聊得正开心时，姜先生的一个朋友走了进来。

这个朋友平时就大大咧咧，虽然来到了姜先生的公司，但他想这可是自己好朋友的地盘，而且他认为当了老板的姜先生也没有什么变化，依然是可以随意玩闹的朋友。

于是，这朋友一进办公室，就很随意地打断了几个人的谈话，插嘴说道：“嗨，今天可真倒霉，我刚进地铁，就看到两个人在吵架……”

姜先生脸色一变，连忙给朋友使了个眼色，但朋友并没有注意到，依然说得津津有味。姜先生没有办法，只好直言告诉朋友：“我们正在谈生意。”这时，这位朋友才意识到自己的不当行为，借口去洗手间，离开了办公室。

“刚才我们聊到哪里了？”几个人正准备继续话题，可就在这个时候，那个朋友又敲门走了进来。原来他觉得刚才的行为太过失礼，决定回来向人家道歉。他左一句“对不起”，右一句“抱歉”，几位客户连忙客套地说“没关系”，可一边的姜先生，脸色却越来越难看了。

果然，有位客户起身，对姜先生说：“姜先生，很抱歉，我们不知道你今天约了朋友。我看你朋友的事情似乎很着急，你先和朋友聊吧，我们改天再来拜访。”

说完，几位客户都起身走了。而那个朋友仍在为自己的行为抱歉不已，却不知道此时的姜先生怒火中烧。

如果你遇到了姜先生这样的情况，你会欢迎打断他人讲话、胡乱插嘴的人吗？

当你看到你的朋友和你不认识的人聊得起劲时，可能也有参与进去的想法。这是可以理解的。但是如果在他人正说着的时候，不顾当事人的感受，不分场合，随便插话，这不仅扰乱了谈话人的思路，还会让对方心生不快，有时甚至会产生不必要的误会。假如你想要加入别人的谈话，最好先在旁边静静地听一会儿，然后找恰当的时机发表你的看法，而在说话之前，最好客气一点儿，征求别人的同意。

我们无论做什么工作，都要注意倾听，不要任意打断别人的谈话，要时刻管住自己的嘴巴。如果你真的想要插嘴，那么也应该得到他人的允许或者暗示，在最好的时机把自己想要说的表达出来。

宁可不开口，也不要信口开河

俗话说大智若愚，真正有学问的人一般是不会乱讲话的。只有那些胸无点墨又爱展现自己的人才喜欢信口开河，大发言论。

“宁可不开口，使人怀疑你是浅薄的，也不要一开口就给人证实了你的浅薄。”这是一句值得大家牢记的至理名言。所以在研究说话艺术时，首先要学会“少说话”。你也许会反驳：“既然人人都要学少说话，那么，说话艺术就不必细加研究了。”其实不然，少说话固然是美德，但人们生活在现实社会中，只能“少说”而不能完全不说。既要说话，又要说得又少又好，这才是说话的艺术。

言多必失，说得越多，显得越平庸，说出蠢话或危险话的几率就越大。

马西尔斯是古罗马时代一名战功赫赫的英雄，他以战神科里奥拉努斯的美名而著称于世。公元前454年，科里奥拉努斯打算角逐最高层的执政官以拓展自己的名望，进入政界。

竞逐这个职位的候选人必须在选举初期发表演说，科里奥拉努斯便以自己十多年来为罗马战争留下来的无数伤疤作为开场白。那些伤疤证明了他的勇敢和爱国情操，人们甚是感动，几乎每个人都认为他会当选。

投票日来临的前夕，科里奥拉努斯在所有元老和贵族的陪同下，走进了会议厅。当科里奥拉努斯发言时，内容绝大部分是说给那些陪他前来的富人听的。他不但傲慢地宣称自己注定会当选，而且大肆吹嘘自己的战功，甚至还无理地指责对手，还说了一些讨好贵族的无聊笑话。

他的第二次演说迅速传遍了罗马，人们纷纷改变了投票意向。

科里奥拉努斯落选之后，心怀不甘地重返战场，他发誓要报复那些投票反对他的平民。

几个星期之后，元老院针对一批运抵罗马的物品是否免费发放给百姓这个议题投票，科里奥拉努斯参加了讨论，他认为发放粮食会给城市带来不利影响，这一议题因而未决。接着他又谴责民主的要领，倡议取消平民代表（即护民官），将统治权交还给贵族。

科里奥拉努斯的最新言论激怒了平民。人们成群结队赶到元老院前，要求科里奥拉努斯出来对质，却遭到了他的拒绝。于是全城爆发了暴动，元老院迫于压力，终于投票赞成发放物品，但是，老百姓仍然强烈要求科里奥拉努斯公开道歉，才允许他重返战场。

于是，科里奥拉努斯出现在群众面前。一开始，他的发言缓慢而柔和，然而没过多久，他变得越来越粗鲁，甚至口出恶言，侮辱百姓！他说得越多，百姓就越愤怒，他们的大声抗议中断了他的发言。护民官商议判处他死刑，命令治安长官立即拘捕他，送到塔匹亚岩顶端丢掷下去。后来，在贵族的干预下，他被判决终生放逐。人们得知这一消息后，纷纷走上街头欢呼庆祝。

如果科里奥拉努斯不那么多言，也就不会冒犯老百姓，如果在落选后他仍能注意保护自己强大的光环，依然还有机会被推举为执政官。可惜他无法控制自己的言论，最终自食其果。

所以，我们要记住这样一个原则，在任何地方和场合，我们要尽量少说话，缄默是值得提倡的。如果非说不可，那么，你要注意所说的内容、意义、措词、声调和姿势，以及在什么场合应该说什么话，怎么说才得体。

还有，在不知内情的情况下，就不要胡说八道。

世界上没有十全十美的人，不可随随便便说人短处，或揭露别人的隐私。首先要明白，别人的事你知道的不一定可靠，也许还有你不知道的隐衷。你若将自己知道的片面现象贸然宣扬出去，难免会颠倒是非，混淆黑白。等到真相大白之时，已经是覆水难收了。

有那么一种人，喜欢兴风作浪，把别人的是非编排得有声有色，夸大其词，逢人就说，世间不知有多少悲剧由此而生。所以，当有人和你聊天时说某某的短处，惟一的办法是听了就忘，谨缄君子之口，不要做传声筒，不要轻信这些片面之词。

谈论别人，不可因片面的观察而在背后批评。说坏人的好处，旁人最多以为你无知。把好人说坏了，那就有损道德了。

不管是怎样的聊天场合，都不要在当事人不在的情况下说这说那，常常背后议论别人和说着两面三刀的话最终会害人害己。正如闲谈莫论人非，看到他人的不足之处，我们应该对照检视自己并且引以为戒，而不是将他当作你茶余饭后的聊天话题。

扬长避短，说出来的好印象

每个人都有着不同程度的潜在魅力，

每个人都有一个尚待开发的形象宝库，

每个人也一定都可以塑造出自己独特的光彩照人的形象来。

善于说出自己的长处

每个刚刚走出校园的人几乎都有这样的体验：在面试时，在与主考官的寒暄之后，你被提问的第一个问题往往是："谈谈你自己吧！"许多应征者会认为："我不是写在简历中了吗？为什么还要问？"因而面露不耐烦之色，有的甚至会以"这些我在简历中都已经写得很清楚了"作为答复。

请切记，一定要尊重主考官提出的这一个问题，并诚恳地回答。因为考官问的这个问题，正是你进行"自我推销"的大好时机，如果这个问题回答得很得体，令对方印象深刻，可能在接下来的几十分钟内你便犹如顺水推舟般无往不胜。

自我推销是一门艺术。这里说的自我推销可不是强迫中奖式的推销，而是引人入胜的自我推销。如果你在面试前认真做过准备，那么你必然已经彻底地认识了你自己：我最大的长处、特点在哪里？哪些事情是我过去做得最好的？我具备什么样的专业技术、知识？

正准备走出校门的社会新鲜人，面对这个问题时往往会觉得无从谈起。其实，对于暂无实际工作经验的求职者，主考官无从询问"工作"本身的专业性问题。但是他可以通过你在课业上的成绩、所选修的课程以及所参加的社团活动等方面，来判断你是否具有做好这份工作的潜力和能力。

英国著名作家毛姆年轻时默默无闻，写出的作品常常无人问津。为了提高自己作品的知名度，为自己的作品寻找市场，毛姆别出心裁地在报纸上登了这样一则广告："某年轻千万富翁，性情温和，爱好音乐、体育，希望能与毛姆最新作品中的女主角性格相同之女士为友，而后论婚嫁……"几天以后，毛姆的著作大大畅销，毛姆的知名度也一路攀升，他以后的作品也有了非常好的销路。后来，毛姆还跻身于英国著名作家之列。

一则小小的广告促使毛姆名利双收，实在匪夷所思。这里，毛姆巧妙地利用了人们的好奇心，使人们对他的作品发生了兴趣，从而将自己的作品"推销"给了读者。

看过一篇叫做《第一个被录取的人》的文章，讲的是一位多次失业者在面试时推销自己的妙招：

某大企业招聘人才，应者云集。其中多为高学历、多证书，有相关工作经验的人。

经过三轮淘汰，还剩下11个应聘者，最终将留用6人。因此第四轮总裁亲自面试，将会出现十分"残酷"的场面。可奇怪的是，面试现场却出现了12个面试者。

总裁问："谁不是应聘的？"

坐在最后一排的一个年轻男子站了起来说："先生，我第一轮就被淘汰了，但我想参加一下面试。"

在场的人都笑了，包括站在门口拿着扫帚的老头子。总裁饶有兴趣地问："你第一关都过不了，来这儿又有什么意义呢？"

那个人说："我掌握了很多财富，我本人即是财富。"

大家又一次笑得很开心，觉得这个人不是太狂妄，就是脑子有毛病了。

他接着说："我只有一个本科学历，一个中级职称，但我有11年工作经验，曾在17家公司任过职。"

总裁打断他说："你学历、职称都不算高，工作11年倒是很不错，但先后跳槽17家公司，太令人吃惊了，我不欣赏。”

男子站起身：“先生，我并没有跳槽，而是那17家公司先后都倒闭了。”

在场的人第三次笑了起来。一个应聘者说：“你真是倒霉蛋！”男子也笑了：“相反，我认为这是我的财富！我不倒霉，我只有31岁。”

这时，站在门口的老头走进来，给总裁倒茶。这个人继续说：“我很了解那17家公司，我曾与同事努力挽救过那些公司，虽然没有获得成功，但我从那些公司的错误与失败中学到了许多东西，很多人只是追求成功的经验。而我，更有经验避免错误与失败！”

这位男子离开座位，一边转身一边说；“我深知，成功的经验大抵相似，而失败的原因却各不相同。与其用11年学习成功的经验，不如用同样的时间去研究错误与失败的原因。别人成功的经历很难成为我们的财富，但别人的失败过程却是我的财富！”

男子忽然又回过头说：“这11年经历的17家公司，培养和锻炼了我对人、对事、对未来的洞察力。举个例子吧！真正的总裁不是您，而是这位倒茶的老人。”

其他11个考生哗然，惊愕地盯着那位倒茶的老头。那老头笑了：“很好！你第一个被录取了，因为我急于想知道，我的表演为何失败。”

“面试”就是“推销自己”，这是大家已经懂得了的道理。而“推销”需要有方法才能获得成功。这便是你的“PR”能力。“PR”是“公共关系”的缩写，这是企业在促进销售过程中发展起来的概念，意为：企业要与广泛的潜在客户保持信息上的联系，必须对公众态度进行预测，并采取一系列活动争取公众的理解和信任。而这里的“PR”能力，是指向外界(个人、公众或法人)进行自我介绍、自我宣传和说服他们的能力。简言之，“推销能力”的基本要求是：强调自身的特长而不被认为是自负；谈及自身之弱点而不被认为是平庸。面试是充分显示及检验你的“PR”能力的机会。

面试，无论对谁都会产生紧张。因为在短短的几十分钟内，就可能决定你今后几十年的生活和工作方向。而“PR”能力的强弱恰恰又是面试的关键所在。“PR”能力至关重要，但其训练和能力的增长又很困难。在大学的四年中，能够让你在大庭广众之下侃侃而谈的机会少之又少；即使在班级或课堂讨论中，能够表达自己意见和见解的时间也很短，表达也是不够充分的。同学朋友之间得高谈阔论或低声细语，其间也许会有互相攻击、强词夺理、信口开河等等。这种“PR”能力即使有，也难有大用，更何况女生又比较斯文和腼腆，使得“PR”能力更弱。

“PR”的实质就是向对方表达自己的能力，并以真诚的态度使对方相信。其基本要求很简单：以对方感兴趣、能接受的内容和方式表达自己想表达的观点；声音和动作平和；态度端正、谦恭。大家可以在同学或朋友之间开展诸如“PR3分钟”—在3分钟内充分表现你自己的训练活动，力求使自己不怯场、不紧张，落落大方地应付各种情况。

“请你谈谈你的优势。”“请在30秒内充分地介绍你自己。”“除去学习成绩之外，你还有什么拿得出手的东西？”你会发现关于自身的情况，介绍起来竟是那样困难。

“面试就是推销自己”，在面试场上若继续“发扬”，就会取得成功。面试对于求职者来讲，就是要向面试单位显露你的“闪光点”，将好印象深深地留在面试官的心目中。从面试官的角度来看，就是要通过你的“自我表白”、你的“PR”能力来考察你的社会适应能力，摸清在众多应试者中，究竟有多少人、在多大程度上真正了解了自己；企业将根据这些情况来录用、来培养、来决定你与工作的配置度。

“你的专长是什么”是大多数考官经常会问到的问题。平时性格内向而又不善于表现自己的王华在竞聘某公司宣传干事时，面试官又一次问到了这个问题。

面试官："作为本公司宣传干事的竞聘者，你有什么专长吗？"

王华："我擅长写作、绘画、摄影。尤其是我写作的功底比较扎实。至今，我已在全国80多家报刊上发表了许多文章，有的文章还获了奖，还有的文章已在社会上产生了一定的反响。"

主考官："那么，你进了本公司后，怎样发挥自身的特长为公司服务呢？从哪个角度入手为公司服务？"

王华："我会尽力运用自身的专长，把努力宣传公司作为切入点，让人们认识我们的公司和我们的产品，从而使公司在客户的心目中享有较高的知名度。不过，这还只是一种承诺，重要的是要看我今后在工作中的实际行动。"

就这样，王华通过谦逊、如实、积极地展示自己的优势和特长，获得了面试官的青睐。

请看，说出自己的优点就是这样简单。

也有很多人会觉得自己没有什么优点，从而面对诸如"你有什么特长"之类的问题的时候会感到很茫然。这就需要我们在面试之前做一些工作。

我们要知道自己在哪些领域比较擅长。没有人是全无一点特长的。多想想自己平常都在做什么，这些事情中哪些是自己喜欢的、擅长的。总归是能想出来一些的。

如果你回答"我没什么特长"，无疑是自寻绝路了。

每一个满怀激情与壮志的初入职场者，都有一段谨慎的低调行事时期。原因大概有三种，首先，似乎中国人的教育中的"唯谦虚论"已经使得人们有了这样的一个潜意识：是金子，埋在地下三尺终究都会发光，而自己向周围的人诉说自己的才华又是多么奇怪的一件事情。他们认为，大声地说出自己的长处是一件很诡异的事，而自己有技术、有水平总一定会有人赏识、推荐、提拔的。总之，他们认为自己的长处借由别人的宣传才是一件光彩的事情。其次，一些人害怕“枪打出头鸟”的厄运降临到自己头上，觉得表现自己会给其他人造成一种“此人野心很大”的印象，怕遭到别人的防范和打击。再次，低调过度也是一种不自信的自我保护机制的体现。天外有天，人外有人，在没有摸清自身所处环境的情况之前，他们认为自己的这点长处还不足以与外人道也。因为要是恰巧出现一个比自己还要精于此道的大师，那自己岂不是班门弄斧，自找麻烦。

然而，随着经济的进一步发展，中国已在相当大程度上同国际社会接轨，人们的生活、工作越来越快。所以不要等着别人来发现你的长处，在这个快节奏的现代社会里，人们没有那么多的闲情雅致来推断你是一个什么样的人，你有什么样的长处。要是你不说，人们可能永远都不会知道。同时，一些传统的观念正逐渐发生着剧烈的变化。竞争观念、竞争意识已经普遍深入人心，成为人们在社会生存、在社会立足的一种基本要求。

为了能够走向社会，参与社会竞争，人人必须面临的第一点就是要很好地推销自我，把自己展现在别人面前，展现在一个单位面前，接受单位的挑选，使自己的特长有“用武之地”。

首因效应：说出来的第一印象

首因效应指的是人们在对他人总体印象的形成过程中，最初获得的信息比后来获得的信息影响更大的现象。心理学家认为，第一印象主要是依靠性别、年龄、体态、姿势、谈吐、面部表情、衣着打扮等，判断一个人内在素养和个性特征。但是，由于第一印象得之于短时间的接触，又无以往的知识经验参照，因而主观性、片面性较强。

因为，面试官对于我们每个求职者的认识都取决于这一场面试中我们自己如何表现，而这个表现在很大程度上取决于我们的“说”。很多人就是因为太紧张而无法发挥本来水平被淘汰下来的。人力资源管理专家建议不要把面试当作“生死攸关”的大事，更不必有一步成功的过度期待，把它当成众多面试中的一个经验学习过程，就不会那么紧张了。

一般在面试前必须先复习一下简历里的内容；想一想面试中可能出现的问题及所应对的答案；最后再仔细检查一下服装仪容，保持容光焕发的精神状态，准时到达指定地点。

通常主考官第一眼会看应试者的“专业形象”，这包括了服装、仪态以及给人的第一印象。有时应试者戴了个奇怪的饰物都会成为一些面试官的讨论焦点，往往就因第一印象不好而被刷掉。

最关键的那个点仍然在谈吐上，主试者会注意应试者是否说话吞吞吐吐，语言表达能力如何，通常能侃侃而谈表现自己的人较占优势。在对答时，面试官不希望应试者只会“问一句答一句”，而是能根据题目做较多的发挥，但也不能长篇大论没完没了。虽然紧张会影响到临场表现，但“诚恳”也是很重要的，它可以为发挥失常争回一些分数。有些人怕自己社会阅历不够，看起来不成熟，便装成一副老成持重的样子去应试。的确，一些过于天真、幼稚的表现会令人摇头，但殊不知收敛或过度做作同样不讨好。轻松自然地表现出自己最好的一面，应该是不变的准则。

由于面试官一般是公司主管，应试人常觉得他们高高在上，而有种过度谦卑的态度。很多面试官建议第一次面试的人，把主试者看成是一位愿意帮助你的老师，以礼貌、自信与诚恳学习的心态去应对即可，不必看轻自己。况且很多好主管在面试时都会帮助应试者缓和紧张的情绪，实在不必有过多的担忧。

李小明是一位个子矮小、眼睛近视的正在准备找工作的年轻人，他向大家做自我介绍时这样包装自己：“单看咱这形象，不如在电视中那么闪闪发亮，眼睛不大还有点儿近视，但这丝毫不会影响我的睿智与远见；耳朵虽小，但能提醒我要耐心地倾听观众的心声；嘴巴虽不大，正说明我不夸夸其谈，唢呐和号角的孔都不大，但同样能怒吼与呐喊；个子虽然矮了点儿，可有位笑星说过，‘浓缩的都是精华’。有人说：‘缺点在一定条件下也会成为优点’，这话难免有些夸张，但‘缺点在一定条件下能够成为特色’则是毋庸置疑的”。李小明的自我介绍，借容貌自嘲这种别具一格的特殊风格，给人留下了非常深刻的印象。

李嘉诚曾经告诫涉足营销行业的同仁们：在营销行业中，懂得形象包装，给人良好的第一印象者，将是永远的赢家。

这话的确是经验之谈。大多数人都是重“感觉”的，第一印象往往决定双方未来的关系发展。如果在双方初次见面时给人家留下的是负面印象。那么，你的专业再强，你的个性或能力再强，也很难获得成功。相反，如果你给对方留下了美好的第一印象，你就有机会施展你的才华，收获你的成功。因为“良好的开端是成功的一半”。

在与顾客的接触中，顾客对推销员第一印象的好坏，完全取决于推销员的形象。那么，怎样给顾客留下良好的第一印象呢？这就要进行出类拔萃的自我形象包装了。俗话说：“人靠衣服马靠鞍。”一个人的形象能够直接反映出他的修养、气质、可信度等等。它往往能在他人认识你或者在你的才华之前表露出你是何样的人物。因此，你要想事半功倍，在第一次与顾客见面的时候，就得在这方面下点功夫。

凡事预则立，不预则废，只要我们好好地准备面试，就能打好这职场第一仗。最关键的问题，还是在于如何“说”出我们的才华。

首先，要说在点儿上。面试官所期望的，不是滔滔不绝与缄默不语，而是言之有物与答有所问。实际上，外企的观点是：你不了解我的公司，你又怎么会做好工作呢？那么，这就决定了，我们在“说”之前，要善于倾听。倾听面试开始时面试官的公司介绍，倾听面试官对招聘职位所做的介绍。在面试开始的时候，面试官为了让求职者从赶路的紧张状态中松弛下来，会首先做一个公司概况介绍。在面试官进行介绍的时候，我们一方面要好好调整自己的呼吸，从紧张状态中松弛下来；一方面要将自己的注意力慢慢集中到面试官的言语和非言语行为上。这时我们要注意“倾听”，表现出对这个公司这个职位很感兴趣，不能一副无所谓的样子。并不仅仅是我们对面试官的介绍感兴趣就完事了，更重要的是，我们还需要让面试官了解到我们对这个公司这个职位的兴趣。如何表现出这种兴趣呢？首先，视线集中在面试官的下巴。这样既能给予面试官一种“他看着我的眼睛，他对我说的话很感兴趣”的感觉。为什么是下巴，而不是眼睛呢？因为要是直视面试官的眼睛的话，会给他们一种怪异的被凝视的感觉，过犹不及。在与人交谈的时候，看着对方下巴的位置，实际上对方会认为我们正看着他的眼睛，并且这种“看”不具有攻击性。其次，在面试官进行陈述的时候，不时以单音节词或者简短的语句进行适当的回应。这是一种很好地表现自己对对方的话感兴趣的方法。实际上，当我们这样做的时候，我们真的会慢慢地将自己的注意力集中在面试官的陈述上。

其次，自我介绍时的张弛有度。面试官很看重的自我介绍环节，不是被我们轻视，就是被我们误解。有一部分人认为自我介绍不重要，也有一部分人认为自我介绍很重要，但是不知道怎样的自我介绍才是面试官想要的。每个去面试的人都要谨记，自我介绍很重要，这通常能让面试官在一念之间决定是否要留用你。面试官想要看到的自我介绍首先是着重介绍他们感兴趣的方面。根据所面试的公司和职位，我们需要慎重考虑要在自我介绍中突出强调哪一部分。外企一般比较重视员工的自信程度，所以我们需要多讲自己的长处和特点。如果只讲缺点，谁还会用你呢？如果是应聘财会，那么就要讲中国的财会制度、法规等；而应聘营销类职务则又大不一样了。总之，我们需要在面试之前做很多准备工作，业务素质是长期积累的结果，虽然不能临时抱佛脚，但是也可以做总结、梳理；公司的企业文化在一定程度上反映出公司对于自己员工的“软件”设施的要求，这也是需要我们在面试前好好研究的。

再次，面试是一个互动的过程，我们要特别注意“提问题”。一般在面试快完的时候，面试官会让你提几个问题，这个时候你千万不能说“没问题”。因为，“没问题”只说明你要么没有独立的思维，要么对公司不感兴趣，不太想干。为避免一时想不出，也为了避免情急之下提出的问题不合时宜，我们在应聘前应准备几个适当的问题，比如问公司的发展前景、有无员工培训等。这样可以使面试官注意到我们不仅仅看到公司的现在，还关注他的前景；不仅仅想要这份工作，还想要在这个职位上好好的发展。需要注意的是，我们最关心的薪资待遇问题一般不要在第一次面试的时候谈。大的公司一般都有一套薪金制度，我们可以在面试之前先了解这方面的情况。当然，如果是面试官问到我们的期望工资时，我们要在市场行情上给对方留一个余地，比如说希望能在“3000-5000之间”。同时还要表示“相对于工资，我更在乎这份工作”。面试是一个双向选择的过程，所以在提问时可以通过问档案存放、住宿、社会保障等问题，来考察公司是否负责任。

最后，有好的开始，也要有好的结束，千万不要在最后的时刻抹杀了你自己的好形象。面试时公司会面对很多应聘者，他会给每个人打分（记录）。而将良好的表现坚持到走出面试室的人无疑是能给自己加分的，所以，无论是开始时候精彩的自我介绍，还是面试完了之后彬彬有礼的结束语，都是整个面试过程中不可缺少的。面试结束时你要说：“非常感谢您能给我一个面试机会，占用您的时间了，希望我能来贵公司工作。”如果你不满意该公司，也要友好、客气地讲明，并对面试表示感谢。因为这关系到你将来在职场中的发展。在职场中，一个人的名声如果坏了，其职业生涯发展也会受到一定的限制。

做到以上几点，那么我们在面试过程中的架构就非常完美了，现在，我们来看看，一个能够打动面试官的面试还需要哪些细节上的突破。

第一，体现高度，展示自己的政治思想水平和专业水平。在双方交谈中，尤其是回答提问时，要反映自己爱祖国、爱生活的深厚感情；要表现自己爱专业的强烈敬业精神。在与招聘单位专业技术面试官交谈时，要注意展示自己的研究成果。回答问题时，要多用专业术语。对要答的问题不能满足于“知其然”，还要“知其所以然”。

第二，选准切入角度，表达自己的求职意向。毫无疑问，应聘者在与招聘者交谈中，一定会带有某种目的。但是，我们要注意的是，对于自己的意向表露不能太直截了当，这会影响你应聘愿望的实现。但是，我们也不能说因为避免给面试官留下一个目的性的不好的印象就对于自己关心的事情缄默不语，因为不问这些比较敏感的事情的话，我们也无从得知这家公司这个职位是否适合我们。所以，注意提问技巧，用委婉的方式逐渐表达自己的愿望，是不二选择。

第三，增强可信度，体现自己的真诚。首先，态度要诚恳，与招聘者交谈，不要心不在焉。在大型招聘会上，往往有许多招聘单位同时“登台”，尤其注重不要在与这家面试官交谈时，眼睛却盯着另一家。其次，表达要准，少用“可能”“大概”“也许”这类词语，以免给招聘者造成一种说话不可靠的感觉。再次，内容要实，对于自己的优点不要说过了头，少用“绝对”等词，对于缺点，以少提为妙。

第四，表现风度，展示自己的独特气质。风度一方面通过外在美表现出来，这就要求我们要学会修饰边幅。男生着装要庄重、整洁。女生要得体、大方，不要浓妆艳抹，更不可太暴露，否则会给人以轻浮的感觉。另一方面，表现风度还需要展现我们的内在气质。谈吐是一个人内在气质、涵养的重要外在体现，我们要学会用自己的语言魅力展示自己。在被婉言谢绝时，不妨道声“谢谢”；在遭到直言拒绝时，切忌出言不逊；在可能被录用时，也不要欣喜若狂。这些都是一个人良好内在气质的表现，不以物喜，不以己悲，不卑不亢，平静自然。

保持热度，表露出自己的热情。一要主动问候。应聘者与招聘者通常不认识，应聘者主动问个好，能体现自己的礼貌与热情。二要精神饱满。在准备应聘的前一晚，应保证充足的睡眠，以保持良好的精神状态，准备回答提出的各种问题。在与招聘者交谈过程中，不论应聘成功与否，都要保持积极乐观、豁达大度的形象。三要悉心聆听。当招聘者向你提问或介绍单位情况时，要专心听，不要心不在焉或做其他事，以免应聘者以为你态度傲慢而影响应聘的成功。

不要以为你所欣赏的魅力男人或者美丽女人是与生俱来的。也不要为自己没有好的形象而烦恼不已。事实上，那些成功人士或者气质女士都是通过后天学习才逐渐完善自己形象的，每个人都有着不同程度的潜在魅力。

要重视第一印象，更要相信每个人都有着不同程度的潜在魅力，每个人都有一个尚待开发的形象宝库，每个人也一定都可以塑造出自己独特的光彩照人的形象来。

虚实之间的机会，就看你怎么说

英国作家阿谢姆说："在适当的地方说适当的谎言，比伤害人的真话要好得多。"可见，说谎也是人们生活中不可避免的现象，又是一种自我保护性的生存计策。

在求职就业的过程中，人们通常施展的"小花招"有三种表现方式：

第一，以实掩虚。

有时需要用部分真实的情况(也包括自己的特长与优势)来掩盖你的弱点，使说出去的谎言能够掩盖不足之处，给人一种十分真实的感觉。

人们通常会认为，身材矮小的人值得信赖。因为身材矮小是我们立刻就能看到的事实，这是一个事实，通常容易使别人产生错觉，觉得他所说的话也是真实的。有一个矮个子的年轻人就喜欢说："我们矮人不说大话。"实际上他是巧妙地运用身材矮小的真实掩盖说话中的虚假之处。

第二，以虚掩实。

在适当的时候，可以用善意的谎言去掩盖真实的情况(对你求职就业不利的地方)。当然，这里所说的"真"和"假"都是相对而言的。在展示你的优势时，有不同的表现方式，合理的谎言就是表现方式之一。为了谋得一份理想的工作，在推销自己的过程中，可以巧妙地利用自身的优势去求职。

一位学中文的硕士为了能在外贸公司谋得一个理想职业，说自己是外语系毕业的研究生。当然，他的外语水平也的确不凡，过五关，斩六将，他得到了这份工作。他是外语系毕业是假，中文系毕业才是真，可他的外语水平一点儿也不比那些外语专业毕业的人低，又是实。如果他告诉主考官说自己是中文系毕业的真话，那么在众多的真正外语系毕业的求职者中，尽管他的水平出类拔萃，但恐怕连第一关也过不了。但不管怎么说竞争还是要靠实力的，为了让你的实力被人认可和欣赏，是可以用“智取”这一手段的。

第三，虚实相间。

人们常常听有人抱怨他人或自己的朋友说，不知他说的话哪句是真，哪句是假。其实，在日常生活和工作中，大多数人说话时总是虚虚实实，真真假假，虚实相间的。所以，这种小花招在求职找工作过程中最常见的表现形式，就是虚实相间。

要想把“小花招”的计谋运用得恰到好处，还有两个要诀需要掌握。

(1)要“斩钉截铁”。讲话时要语气坚决，态度鲜明地加以肯定或否定，这样具有强烈的说服力。说话时要有一副千真万确、不容置疑、信心十足的样子。比如在参加竞选时，经常用“我所说的话，一定会付诸实现”“我绝不会辜负各位的信任”这样的言语，人们在听到这些充满信心和斩钉截铁地话语以后，就会逐渐被你所说服。相反，语气较弱的话语，说服力就会降低了许多、听上去真实感也不那么强烈。

(2)醉翁之意不在酒。你要学会以看似要忠告对方的态度，让对方接受不利的内容。以这种方式获得对方的信任，达到你的目的，这也是一种技巧，也是搞“小花招”之计的具体运用。

人往往比较容易接受了解自己的烦恼和感受的人的劝告，而且容易产生一种“知我者你也”的相见恨晚的感觉。因此，你要先将自己的实际想法隐藏在心中不说，假装出一副若无其事而又倾听对方讲话的样子，聆听对方的不满和烦恼。在对方将自己心中的不满都宣泄出来后，再以感同身受的语气去说服对方，使对方感到你是为他着想，使他产生愿意向你敞开心胸的心理。此时即使你提出不利于他的内容，对方也会比较轻易接受，这就叫作“醉翁之意不在酒”。

常常听到一些应聘面试的女孩在说：“我们绝对比男生强。”可当她们遭到拒聘扫兴而归时，又常常听到她们说：“人家是男人优先嘛。”

女生，要想在应聘中得到一个满意的结果，要注意发挥你的口才。每位公司面试官都懂得：“是人才者未必有口才，而有口才者必定是人才。”以下是几个在面试中最常问及的难题，以及女生如何应对的一些建议。

1.“给我们谈谈你个人的情况，好吗？”如果事先没准备或练习，这一问题的回答可能会很平淡，不能给人以深刻的印象。面试官最忌讳女生像说“天书”一样漫无边际，所以应聘时应注重细节，要说得恰当。回答这个问题的最有效方法包括四个方面：应聘前的背景，所受教育经历，工作经验以及“正是因为这些，促使我今天到这儿来谋职”之类的连接式语句。

2.“你的特长是什么？”这是一个很重要的问题，因为我们可以借此机会，告诉面试官我们所具备的不同于其他应聘者的特殊品质和重要业绩。回答这个问题时，我们要至少提出4—5项特长。当然，还可以幽默地做点补充，比如：“我还会做特别美味的番茄沙拉。”这样，既充分展示了我们的才华，还能表现出我们的自信。

3.“你的弱点或者不足是什么？”估计这个问题是所有面试者最头疼的问题，也是面试官最喜欢问的问题。“金无足赤，人无完人”，每个人都有自己的缺点，试图回避或不提自己的缺点，不是一个好的策略。如何才是好的策略呢？我们既要做到有话可说，说得出来，又不要过于贬低自己。那么，可谈两项无伤大雅的不足之处。在陈述的时候，我们要把缺点、不足说得不会对自己造成什么危害。

讲述时有两个基本技巧：说出的缺点正好“反映”了你有与众不同的才能的一方面，比如：“我是一个闲不住的女孩，总觉得时间浪费掉太可惜。以后我会注意尽量和大家同步。”说话时要表现出真诚。要表现出你的缺点易于弥补，如：“我愿意拓宽我的公关才能，我准备参加公关学习。”

4.“为什么你想离开(或已离开了)现在的职位？”与上个问题一样，这个问题也是面试官的常备问题，面试者也常常因为这个问题而头疼。面试官注重的是你与人相处的能力，所以他会通过这个问题来考察你是否因为交际能力而没有成绩，从而被终止工作，“免职”或被辞退。对此，最好是如实回答。但是方式是不要损害到自己。你可向面试人提供一个可以让人接受的合理解释，例如，你离职是出于公司经济不景气，没有发展潜力，等等。

需要注意的是，如果你被炒了鱿鱼，千万不要说：“我不能使上司满意。”最好的回答是：“我认为这份工作不能让我充分施展我的才能。”

5.“你在前一份工作中最显著的成就是什么？”回答这个问题时，需要举出称得上是你“最骄傲”的一项成就，并强调它对你事业的积极的影响。最好加上些你取得这一成就时如何战胜困难的话，对你是会有很大帮助的。

6. “你想找一份什么样的职位？”回答这个问题的要求很简单：忘掉自己是个女生，并且回答尽量简洁。这是一个能突出我们的优势的机会，千万不要让面试官觉得这个职位更适合让男生来做，而要让他感到凭你的知识结构与才能，你会干得比男生更出色。

7.“在待遇上你有什么要求？”不宜说“金钱对于我不那么重要，机遇才是我最关注的”。金钱的重要不仅仅在于它如何来支配生活，而且往往也表明这份工作和工作职位的重要性。有几个问题需要考虑一下：你想要多少钱？他们又会给你多少钱？在此基础上巧妙地表达出你的期望薪水，要注意说得实在。面试者不会对你产生误会的，因为活在这个世上的每个人都明白：金钱不是万能的，但没有钱是万万不能的。

8.“这份工作是否在级别上低于你所从事的工作？”面试官担心的是你一旦遇到更好的工作机会，会随即离职而去。你的回答就要努力使他相信：你是一个稳妥的女孩，如果你能被聘用，你会一心一意专注于这份渴望已久的工作。如果你的回答不令人满意，你就给面试者留下了一个消极被动的印象。

9.“你今后5年打算干些什么？”面试中常常会提出这一问题来衡量你的进取心，以此来说明你向上进取的期望是否与公司想要招聘的人才相符合。如果你有具体的事业目标，讲述一下通常对你是有利的，但要注意说得有实现的可能性，切忌“心比天高”。如果你对这个公司已有细致了解，最好判断出你的发展目标与公司的期望是否对应和一致。当两者对应一致时，便可以信心十足地充分阐述你的目标。

即使你对自己的将来不能确定目标，清楚地讲明，在事业上不断前进和发展是你的追求，也是很重要的。这就需要你对自己有一个清楚的认识，要说得坚定，说得生动。

如果有机会，你最好准备一些有分量的问题问面试官。好的问题能极大地加深别人对你的印象，从而增加你被聘用的机会。

你可以提出这样一些问题：“能告诉我为什么这一职位空缺吗？”“我在这份工作中能行使多大的自主权？”“在这个职位上，我能和男生一样得到晋升的机会吗？”

如果你被聘用的话，就要决定“接受”或是“不接受”，下面5个问题可以帮助你做出正确的选择：

(1)你能胜任这个职位吗？

(2)你喜欢这个工作环境吗？

(3)你能做出其他人难以达到的成绩吗？

(4)你内心对这家公司的印象如何？

(5)你认为自己能充分发挥自己的优势吗？

根据这些你能掌握到的信息，再结合你即将应聘的公司的需要，将你的优点、缺点好好地构思一下，不妨有一些“小花招”。只要这些小花招不是特别离谱，不是让人一眼就能看穿，它会为你的表现加分，它也一定会帮助你顺利进入你理想的职位的。

处于虚实之间的“小花招”之计的运用是有一定限度的，只能在适当的时候、适当的地点运用，又要有适当的手段，但为人处事之道仍要永远以诚为本。

此刻，要敢说“我是最优秀的”

谦虚是中华民族的传统美德之一，但找工作的你要知道，在求职找工作时，谦虚也许在内资企业还可能行得通，在外资企业则绝对行不通，而且往往还会成为你应聘失败的主要原因。对方公司需要的是能为企业带来价值的优秀员工，他们需要的是自信、坚定、优异的能为公司带来价值的一分子。因此，应聘者切记在应聘面试时要把自己当作一件优秀的作品，将自己成功地推销给招聘公司。所以，在面试的那一刻，我们要“抛掉”谦虚的美德，把我们自己看成是最优秀的。

文华是日语专业的硕士，第一次应聘的就是一家大型的外资企业的日语翻译。HR能从众多的简历中挑选文华来应聘，无非是文华简历上的某些闪光点吸引了他的眼球。

面试的时候有两位面试官，一位中国人，一位日本人。首先面试文华的是中国人，面试官这样问文华：“你除了专业技能突出之外，还有其他哪些专长呢？”

文华回答说：“我的逻辑思维能力缜密，语言组织能力强，作为一个日语专业的人，必须对日本的风土人情、说话方式等等有一个全面的了解，这样才能在不同的语境下对同一句话有不同的理解。不管是中译日还是日译中，也不管是笔译还是口译，我都能将其转变成对方可以接受的、更利于理解的方式表达出来。同时，我也很擅长察言观色，通过对方的表情、动作等可以揣摩他的心理活动。”

然后，这个面试官给旁边的日本同事使了个眼色，这位日本同事开始用日语和文华对话。对话持续了有半个小时左右，整个面试过程中面试官频频点头，还为文华竖起了大拇指。

就这样，文华通过对自己特长的实事求是、积极地展示，得到了面试官的肯定，为自己争取了这份难得的工作机会。

如果这个时候我们将谦虚的优良传统“发扬光大”的话，会让面试官没有将面试继续下去的兴趣。

有一位女大学生去一家中外合资公司应聘经理助理。她通过了一道道关卡，最后只剩下她和另一位男性求职者。最后一轮面试的总经理是一个外国人，他在与这两位求职者的闲聊中，极为随便地问了三句话：“会打球吗？”

男的说：“会打，打得很好！”

女的说：“打得不好。”（其实她在大学校园里是个不错的羽毛球手。）

经理又问：“给你俩每人一辆轿车，限在一星期的时间内学会开，有没有把握学会驾驶它？”

男的说：“一定没问题。”

女的说：“我不敢保证。”（其实她曾经学过开车。）

经理又问：“厨房里有的是蔬菜，你俩能不能给我做几样拿手好菜呢？我这个人吃东西不挑剔。”

男的说：“我会竭尽所能地做出几样拿手的菜。”

而她却腼腆地说：“我做得不太好。”（其实她的烹饪技术不亚于一个三级厨师。）

自然，女生的回答是不受欢迎的，最终当然也没有被录取。

实际上，那位女大学生完全有能力胜任经理助理一职。只不过受“做人要谦虚”这一传统美德的熏陶比较深，试图以谦虚博得面试官的好感，没想到反而弄巧成拙。其实她表现谦虚的背后是自卑，正是所谓的“谦虚”使这位女大学生不敢表达自己的实际工作能力，不敢面对机遇、迎接挑战。

得体的语言、文雅的言行、彬彬有礼、不卑不亢，这些第一印象的关键词都能给面试者加分。

一家跨国公司举行一次别具一格的宴会招聘考试，几个失败的求职者的表现不佳。然而，有位小伙子的良好表现却深深吸引了总经理的注意力。

在宴会上，这位小伙子走到这家公司的总经理面前举杯说道：“王经理，能结识您很荣幸，我十分愿意为贵公司效力。但如果的确因为名额所限使我不能效力，我也不会气馁，我会继续奋斗。我相信，如果不能成为您的助手，那我一定要当您的对手……”

最后，公司录取了这位年轻人。小伙子言语得体，柔中带刚，充满自信，意志坚强。这是让企业最想录用的人才的性格。

他的话彬彬有礼而又不卑不亢，机智敏捷。首先是礼貌性地开场白。其次表达了自己想要进入这家公司的愿望。接着，他又告诉总经理，自己能经受得住失败的考验，尤其是他的最后那句话，让这家外企的总经理明白：如果被录取名额所限制，让这样优秀的人才流失到别的公司去，岂不是极大的浪费？求贤若渴的公司当然舍不得错失这样的人才。

也有很多面试者因为自己的学历、文凭的原因而底气不足，其实，与其担心自己的学历这种既定事实，还不如锻炼一下自己的谈吐。

和很多毕业生一样，张华已经跑遍了北京的人才市场，也面试了十几家公司。但两个月过去了，还没有得到一点儿音信。张华认为这是自己文凭不给力的缘故，作为一个大专毕业生，他已经快没有信心继续下去了。于是，他整天漫无目的地走在街上，陪伴他的只有孤单和失落。有一天，他突然发现一个著名的广告公司正在招聘文案人员的广告，要求本科学历和两年以上的工作经验。大专毕业的他迫于生存的压力，也抱着唯一的一个证书和精心制作的应聘材料前去应聘，结果却错过了应聘时间。

从公司里出来时，张华沮丧极了。多次求职失败让他对自己能不能找到合适的工作产生了动摇。可是，这一次他却产生了一股莫名的冲动："我要毛遂自荐。"于是，撒开双腿跑回家，查找这家公司的资料，找到了总经理的名字和电话。

第二天，张华很客气地给公司总经理打电话说自己是一名求职者，因错过初试时间没能赶上参加面试，但自信可以胜任这份工作，希望能给自己一次机会。老总听后说："过来试试吧，直接找人事主管。"但是，当人事主管得知张华学历不够又没有相关的工作经历时，很直接就拒绝了他。

不甘心的张华抱着最后一丝希望争取道："我虽然没有正式接触过广告媒体，但我在学校时担任过学生会主席，勤工俭学做过推销员、兼任过报社记者，在实习时也从事过广告公司的文案工作，算不上是一个老手，但也有些经验。我相信自己完全能胜任这份工作。"说完，便递上精心设计的求职材料："这是我的材料，麻烦您先看看。"

人事主管接过材料，一言不发地看着。在等待中，时间似乎过得特别慢，空气似乎也凝固了。

张华再次鼓起勇气说道："文凭仅仅代表一个人受教育的程度，我相信贵公司要的是能为公司谋利益的人才，而不仅仅是'一纸文书'，好多成功的人也并没有本科学历呀！"

最后，人事主管动摇了，说："你稍等一下。"随后走进了总经理的办公室。两分钟后，人事主管告诉他："年轻人，你被录用了。我们欣赏你的勇气和自信。"

其实，一个人的文凭也好、专业也罢，只是我们面试过程中所要展现的一小部分。我们更应该把自己的优势全面地展现给心仪的公司。我们不仅仅是学校流水线里生产出来的批量产品，我们更是拥有自己独特个性和魅力的“独一无二”的作品。

我们在面试的时候要抛掉谦虚的美德，要“厚着脸皮”坚信自己就是最优秀的。只有我们自己认为自己是最优秀的，才能表现出最自信的一面，才能给面试官留下热情、自信、可塑性强的印象。

即使你是羊，也要“说”成狼

在求职面试的过程中，要大胆地展现你自己的强处和优点，不要过于拘泥于自己的不足和缺点，要做一只羊群中的狼。企业需要的绝不仅仅是一纸靓丽的简历，更需要的是有勇气、有志气、有霸气、能担当的人。

大四的时候，索尼公司到武汉大学来开招聘专场。同学们大都很兴奋，因为索尼一向在求职的大学生心中有很高的地位，世界500强、良好的企业文化、新员工培训以及丰厚的福利待遇。这些对于一个即将开始职业生涯的学生来说，都是非常大的诱惑。对于王建来说，唯一感兴趣的是索尼的销售部门，因为他喜欢做销售。

面试在一个大礼堂进行，几十个学生被分成四人一个小组，每个小组有一个面试官。面试过程很“残酷”，只要不入主考官的法眼，或是答不上主考官的提问，主考官就会说：“你可以走了。”

那天和王建分一组的是三个男生，四人刚走到面试官面前还没来得及坐下，面试官只瞄了王建一眼就冷冷地对他说：“你可以走了，我觉得你不合适！”

他很震惊，而且觉得很没面子。可是他没走，嘴上没说，心里满满的都是不服气：你根本不认识我，凭什么看一眼就认为我不合适，凭什么就让我走？不过，当时王建并没有吭声，因为他也认为当面“质问”面试官既没礼貌也显得很没风度。王建想，等面试结束后再与面试官理论也不迟。

另外三个男生都坐下了，王建可不管他们是怎么想的，也坐下了。面试官到底没赶他走，只是当王建不存在，然后开始对着其中一个男生发问：“你最得意的一件事情是什么？”可能是因为紧张，那个男生竟不知如何回答，支支吾吾地说自己还没有工作，也没有做出什么特别的成就，所以也没什么很得意的事。王建心里很着急，觉得他的回答有点儿空。于是在边上悄悄地提醒他：“你可以说一件在学校里做过的自己感到最满意的事情……”面试官看了王建一眼，王建也不以为然：“你不至于给我加上一条作弊的罪名吧，这种时候该帮人一把的。反正我已经是‘不合适的人’了。这应该就叫作‘无欲则刚’吧。”

不过，三个男生相继被淘汰了。最后桌前就剩下王建一个人。面试官还没跟他对上话呢！不过，现在看上去面试官是有话要说了。王建还是不动声色。终于，面试官开口说：“那三个人应该是你的竞争者，可我看到你一直在帮助他们，你为什么要帮助他们？他们答不上来不是对你更好？如果他们都淘汰了，岂不是你的机会就来了？”王建说：“我不认为他们是我的竞争对手，如果都能通过面试，将来大家还可能是同事，有困难自然是要帮一下的。”

对王建的回答，主考官不置可否，却又拾起了先前那个话题：“我刚刚已经对你说了，你不合适，你可以走了。可你为什么不走呢？”机会来了，该是王建说话的时候了。他的“不满”终于有机会宣泄了：“我觉得你并不了解我就让我走，所以我要留在这里给你一个了解我的机会。第一，我非常仰慕索尼公司，因为我被索尼的企业文化和发展理念所吸引，所以我很郑重地投出了我的简历，也很高兴能够参加这次面试。但是，我完全没有想到我遭遇到如此当头一棒。第二，我还想对你说一句，我认为你的态度对一个面试者来说很不友善。因为今天我是面试者，明天我可能是贵公司的员工，但我更可能是索尼的潜在客户。可是你今天这样不友善的态度给我留下了非常糟的印象，今天我可能成不了你的员工，但明天我会不再愿意成为索尼的客户。第三，你的不友善今天影响了我对索尼的看法，明天还有可能影响到我所有的朋友对索尼的看法。你知道，你可能拒绝了不少索尼的潜在客户！”

面试官笑了，对王建的表现非常满意。因为从一开始，面试官早就给这几位面试者出了一道面试题：如何面对挫折。要知道，这次招的是销售员，在未来的工作中，他面对的会是数不清的拒绝和白眼，对方的态度可能比这位面试官还要坏。如果他连面试中还算礼貌的冷脸都无法面对，那他将来如何面对未来的困难呢？

另外，面试官对王建在面试中愿意帮助竞争对手也表示认同，这恰恰显示了王建的团队合作精神。王建就这样顺利通过了面试，成为了索尼公司的新员工。

在去应聘时，你要知道你不是为面试官打工，而是为背后的老板打工。面试时，虽然可能表面上是面试官在“选择”你，但每位面试官肯定都是带着老板的意图在挑选员工，也就是说最终选择你的人还是老板。因此，要成为被招聘单位欢迎的人才，必须合老板们的“胃口”，了解他们的喜好和需要。

你想知道老板招聘员工时最先考虑的东西是什么吗？如果你认为最重要的是找到能将工作做到最好的员工，那么你就大错特错了。老板们当然是想聘请到能将工作做到最好的员工，但他们最想要的并不是这个。以下三项是老板在面试时最先考虑的东西：

首先，你是否是一个容易相处的人？你能否与他人一起工作？每个面试官在面试时，最想知道的问题是“我喜欢这个人吗”。没有人想聘请一个态度恶劣、固执、恃才傲物或是不友善的人。你应怎样建立一个受人喜欢的形象呢？这是个很难回答的问题。不同的老板有不同的想法。一些老板喜欢直言坦率的员工，一些老板却喜欢聪明乖巧的员工。最好的方法就是做真正的你自己，若面试人员不喜欢你，你也不会喜欢与他们一起工作。

其次，你是否能积极地工作？若你真的不重视你的工作，即使你有特别的才能，也是无济于事的。试想，你是否准时上班？你是否经常请假？在工作时间，你是否因为某些私人约会而推掉过老板的某些任务，嗯，繁琐的小任务？

第三，你是否能应付紧张的工作？这是老板最关注的事情，你的技能是否比其他面试者好反而是次要的问题。面试官希望知道你是否能妥善完成工作，你有什么技能，你是否可以很快担负起新工作，你是否需要经常督促才完成工作，还是可以在最少的指导下就能够完成工作。

一家跨国公司需要招聘两名职员，丽娟十分渴望把握住这个机会，跟每个大学刚毕业的女孩一样，跨国公司的理想工作环境是丽娟梦寐以求的。

反复地研究招聘要求，丽娟的条件还算符合，只是有一个致命的不足：她没有英语四级证书。想进入跨国公司，却没有基本的英语四级证书，丽娟自己都在心底嘲笑自己的荒谬。

不过，到了面试那一天，丽娟还是按捺不住对这家公司的向往，孤身来到了招聘会的现场。守在那家公司门前等待面试的人密密麻麻的，少说也有几百人。有工作人员让面试者先对照自己的条件，如果不符合招聘条件的就不要浪费公司的时间。话一落音，就有些不符合条件的人自觉地离开了招聘会现场，有些埋怨也有些叹息。而丽娟没有离开，因为她认为还没有到最后的时刻。

竞争异常激烈，大多数应聘者进去的时候都满怀信心，仿佛获得应聘的职位易如反掌。但是，从总经理办公室出来后一个个都唉声叹气的，显然未能闯关成功。轮到丽娟时，外籍总经理翻看着她递过去的简历和各种证书，然后诧异地问她："小姐，你的英语等级证书忘记给我看了啊！"

丽娟很老实地对总经理承认，其实自己没有英语四级证书，因为自己的等级考试没有顺利过关。丽娟刚说完，这位总经理就像看天外来物一样，用古怪的眼神盯着她。然后，大声叫工作人员进来。

此时，丽娟礼貌地制止了总经理，然后用英语说："我的确没有过大学英语四级考试，但如你听到的，我能用英语和外籍人员进行流利的交流，我想你需要的是一位能干的雇员，而不是一纸四级证书，那些考试过于注重书面，而不是口头表达。"

当丽娟一气呵成地说出这段话，外籍总经理的脸上露出了满意的笑容，他用中文对丽娟说："不错不错，你真的很棒，虽然你是今天唯一没有英语等级证书的应聘者，但你是最自信、最勇敢也是最优秀的应聘者。"丽娟就这样成功地通过了面试。

在回答这些看似简单的基本问题时，面试官就能看出你到底能不能成为职场上的狼，而不是任人宰割的羊。丽娟正是很好地回答了这些问题，才成功地拿到自己想要的这份工作。

所以，不要一味地顺着面试官的话和意思去说话，你要明白大多数应聘者都存在的各种心理，不要不知不觉中落入他们的"陷阱"。如果你无法表现出你的独特，那么你也就是羊，不是狼。

在面试的过程中要敢于表达自己独特的观点，要大胆地展现你自己的强处和优点，不要被自己的不足所羁绊，这样你就是羊群中的狼，才有可能以你的勇气、志气、霸气和担当赢得信任。

幽默谈吐，增强人际吸引力

幽默能够使你变得智慧，乐观地面对生活：幽默能让你的生活多姿多彩，充满乐趣。你的幽默感还能“传染”给周围的人，使他们的生活充满欢声笑语。正如美国一位心理学家所说：“幽默是一种最有趣、最有感染力、最具有普遍意义的传递艺术。学会幽默，你便拥有了受大家欢迎的第一大资本！”学会幽默，适时地幽默，你就会成为最受欢迎的人。

唐代汪伦住在安徽泾县桃花潭畔。他与李白素不相识，却十分仰慕这位大诗人，很想一睹“诗仙”的风采，和他交个朋友。恰好李白游历名山大川来到皖南。汪伦觉得这是结交李白的好机会。

可是怎样才能把李白邀来呢？他想到李白喜欢桃花和酒，便灵机一动，给李白写了一封邀请信。信上说：“先生好游乎？此地有十里桃花。先生好饮乎？此地有万家酒店。”

李白接到此信，欣然而至。见面寒暄已毕，李白说：“我是特地来观看十里桃花，品尝万家美酒的。”

汪伦回答：“此地确有十里桃花，就是十里之外的桃花潭；也有万家酒店，就是桃花潭西一个姓万人家开的酒店。”

李白听罢，方知自己“上当”了，不禁大笑不已。他知道汪伦出于一片真情，毫不怪罪对方的玩笑之语。两人一起游玩数日，十分投合。

分别时，两人已成了相交甚厚的朋友，李白感激汪伦待己的盛情，写下了《赠汪伦》这首歌颂友情的千古绝唱："李白乘舟将欲行，忽闻岸上踏歌声。桃花潭水深千尺，不及汪伦送我情。"

为什么李白会与汪伦做朋友？因为汪伦是一个有趣的人。有趣的人总是受人欢迎，因为他们能够营造融洽的交流氛围，让人感受到轻松与快乐。

有位于先生，人称"于大本事"。其实他的身份并不显赫，社会地位也不高，平时就是倒腾服装，做点儿小生意，但他的影响力绝对一流，他的圈子很广，三教九流他都能玩得转，有什么事只要找到他，基本上都能搞定。他为什么这么有本事呢？因为他是一个有趣的人。

有一次，"于大本事"和一个身份相当高的朋友出去吃饭，那朋友喝高了，酒后吐真言，感慨地说："我活着最大的乐趣就是和哥哥你喝酒、聊天，听你讲笑话。我看见你就特放松。真的，你别看我平时风光，那都是假的，活得很累，只有和你在一起喝酒的时候，我才觉得自在快活。"

这件事说明幽默的力量。"于大本事"不过是个小商贩，可他能说会道，见多识广，是个非常有意思的人。天生的幽默感，使他的一言一行都能让人开怀大笑。无论任何场合，只要有他在，绝对不冷场，绝对是好戏连台。

他的一首歌、一个眼神或一句话都能让你捧腹大笑。他的搞笑的段子张口就来，不用思考，说得恰到好处。所以，大家都喜欢他，但凡和他吃过一次饭的人，下一次都会记得叫上他，没有他在，大家都感觉心里空落落的。这就是"于大本事"的真本事。

每个人都喜欢有趣的人，尤其是在这个生活节奏很快、压力巨大的年代，人人都喜欢"开心果"。你是个有趣的人，那你在世界的任何一个角落都受欢迎。

有一次，"于大本事"出差，在机场大厅等候班机时，他与邻座的男士攀谈了起来。那位男士带着一个小男孩，由于孩子调皮好动，他渐渐有些不知所措。

这时，大厅中提示登机的广播响起。“于大本事”站起身来，同情地拍了拍男士的肩膀，说：“保重，老兄。”

那位男士很奇怪，不明白这位萍水相逢的人为何如此郑重其事地与自己道别。而“于大本事”接下来的一句话把他给逗乐了：“地球上，没有比七岁的小男孩更可怕的生物了，他们有好奇心、行动力、破坏力，以及《未成年人保护法》。”

那位男士听完，哈哈大笑，和“于大本事”交换了名片。回到家后，他每每为儿子的调皮伤脑筋，想起“于大本事”的趣话，就偷着乐，于是便会主动拨通“于大本事”的电话，与之攀谈。就这样，这位男士成了“于大本事”的商业合作伙伴。

像“于大本事”这样有趣的人，根本不用费心思主动搭讪，就能够把陌生人吸引到他的身边，这种变被动为主动的本事，就是依靠幽默获得的。幽默风趣的谈吐，不仅给他人留下了美好的回忆，也为自己下一次同对方交流创造了机会。假如你有这样的幽默感，你也会成为一个广受欢迎的人。

要想培养自己的幽默感，良好的心态比什么都重要。有了它，你就会快乐地面对任何事情。心态端正了，幽默感自然灵光、充裕了起来。

有一次，苏联中央电视台女播音员列昂节耶娃向观众介绍一种摔不碎的玻璃杯，几次试镜都很顺利。不巧，正式播出时，杯子竟摔得粉碎。而列昂节耶娃镇定地说：“看来发明这种玻璃杯的人没有考虑我的力气。”幽默的语言，一下子使自己摆脱了窘境。并化解了杯子不结实的误会。这位女播音员正是用良好的心态摆脱了尴尬。

若你想成为风趣幽默的人，除了有一个良好的心态、乐观豁达、心胸开阔、善解人意之外，还可以通过以下一些训练进行经验积累和知识储备：

第一，广读博学，长期积累，训练自己的语言表达能力；第二，多搜集，多思考，把一些幽默的段子烂熟于心；第三，多效仿，多锻炼，平时留意一下那些幽默有趣的人是怎样说话做事的，模仿他们的言行，如果你身边没有这样的人，你也可以模仿电视上的小品或相声演员。

此外，要保持自信，因为自卑是社交的大忌，你要相信自己是个受欢迎的人、有魅力的人、有资本的人，这样你的幽默感的灵光才会不断闪现。

要想培养自己的幽默感，良好的心态非常重要。有了它，你就会快乐地面对任何事情。心态端正了，幽默感自然灵光、充裕了起来。如果我们能够充分发挥自己的幽默感，就能有效增强人际吸引力。

学会忍耐，不要言语伤人

有些人喜欢翻来覆去地说一件已经说过很多遍的事情，也有些人会把一个很老的很冷场的笑话当成新鲜的笑料说出来给大家听。作为一位听众，此时，忍耐就是一种美德。但是绝不能对他说："这话你已经说过多次了。"这样，会伤害对方的自尊心。你惟一能做的就是耐心倾听，在心中想他也许是记忆力不好，并真正同情他，他说话时充满诚意，你也要用同样的诚意接受他的善意。但如果说话的人一直滔滔不绝而你又丝毫没有兴趣，觉得花费时间和精力忍耐很不值得，应该巧妙地将他乏味的谈话停止，但一定要注意，不可伤害对方的自尊心。最好的方法是不动声色地将话题引到对方在行而自己又感兴趣的内容上。

在说话时，别人最怕不诚恳、不老实的人，而一般人在交际时常常喜欢胡乱恭维；在说话时，别人最讨厌自高自大、惟我独尊的人，而有的人却自以为别人都会敬佩自己，反而因此遭到别人的鄙视；在说话时，别人最怕对什么都无动于衷的人，所以和别人谈话时要有所反应，时不时点头微笑，时不时对别人的观点表示赞同，时不时提出自己的意见，听到别人迸发出的妙语警句时，不妨大大赞赏一番。

既要善于聆听对方的意见，也要适时发表个人意见。一般不提与话题无关的事，更不要左顾右盼，心不在焉；也不要漫不经心地看手表、伸懒腰、玩东西等表现出不耐烦。

在社交场合或与外宾谈话时，一般不要涉及疾病、死亡等不愉快的主题，不谈荒诞离奇、耸人听闻或者黄色淫秽的事情。对于女性，一般不要询问年龄和婚姻状况。所谓“见了男士不问钱，见了女士不问身”。不要径直询问对方履历、工资收入、家庭财产、衣饰价格等私人生活方面的问题。与女士谈话不要说她长得胖、身体壮、保养得好等，对方不愿回答的问题不要追问，也不要追根究底。不慎谈到对方反感的问题时，应及时表示歉意，或立即转移话题。

与人交谈时要竭力忘记自己，不要老是没完没了地谈个人生活，比如你的孩子、你的事业。你要在交谈中给对方发表意见的机会，可以尽量去引导别人说他自己的事情，同时，你以充满了同情和热诚的心去听他的叙述，一定会让对方高兴，给对方留下很好的印象。

另外，说话时，一定要注意用词，切忌尖刻难听。

说话尖刻的人，未尝不自知其伤人，而仍以伤人为快，这完全是一种病态的心理。之所以这样，也自有其根源，换句话说，就是环境逼他走入歧途。第一，这种人有些小聪明，且颇以聪明自负，而一般人却不承认他聪明，因此他有怀才不遇之感。第二，这种人具有强烈的自尊心，希望别人都尊重他，偏偏没有这回事，因此他仇视任何人。第三，仇视的心理一直郁积在心里，始终找不到释放的机会，他又不知自身修养，于是只有四处寻找发泄的对象。因为刺激的方面太多，每个与他接触的人都成为发泄的对象。他认为人们都是可恶的，不问有无旧恨，有无新仇，都伺机而动，滥放冷箭。

这种人只会失败，不会成功，在家中即使父兄妻子等亲人，也不会和他关系融洽；在社会上，别人则以眼还眼，以牙还牙，最终成为众矢之的。所以说，说话尖刻足以伤人情，而最终是伤自己。

人都有不平之气，若觉得对方言语不入耳，不妨充耳不闻；若觉得对方行为不顺眼，不妨视而不见。不必过分计较，更不要伺机嘲弄、冷言冷语，甚至指桑骂槐。快语伤人并无裨益，谈话无“礼”惹人反感。

收敛锋芒，迂回说话的艺术

迂回婉转的方法很容易淡化矛盾、

转移争论点，

使我们摆脱其中的利害关系，

从而减少他人对我们的敌意。

迂回说话，“四两拨千斤”

生活中有的人虽然满腹经纶，却得不到重用，以致怨天尤人；而有的人，即使小有才气，也能春风得意，驰骋在自己喜欢的岗位上。这其中的原因除了运气之外，最主要还是推销自己的本领大小了。

在当今的商品经济社会中，成功地推销自己显得尤为重要。能否推销自己，在一定程度上决定了你的命运和前途。那么，我们如何才能成功地将自己推销出去呢？事实上，比大吹大擂更为高明的做法，就是迂回战术。

职场如战场。英国军事理论家利德尔·哈特在《战略：间接路线》一书中说：“从战略上说，最漫长的迂回道路，常常又是达到目的的最短途径。”我国古代圣人老子所说的“枉则直”也是阐明了迂回哲学中思辨的奥义，即弯曲中蕴含着平直，针锋相对所无法企及的目标往往通过迂回战术能轻而易举地到达。

实践证明，迂回战术是进行有效说服的一个上上之选。即便我们没能完满地解决危机，但是我们迂回的处事方式也会得到认可。因为，对于上级领导及资深前辈来说，如果一些职场新鲜人不能给他们一个完满的结果，再不能给他们一个迂回、温和的处事过程，那就更加不能原谅了。

迂回，字面意思上就有回旋、环绕的意思，明明就是绕行的意思，怎么能说成是捷径呢？也许有人会这样质疑本文论点。为了帮助大家理解迂回战术的深层次涵义，有例为证。

20世纪末期，儿童玩具变形金刚已在欧美市场大获成功。为了进一步开拓市场，商家M开始将目光投向亚太地区，准备打开这个充满巨大潜力的市场。

当时，与欧美玩具文化截然不同的是，亚太地区的玩具市场是以定型玩具为主导。所以，要想在亚太地区开拓出这种有别于定型玩具的新式玩具的市场，单纯依靠广告宣传是难以奏效的。

经过精心策划，M公司决定采用迂回公关战术进行促销。它把自己精心制作的电视系列动画片《变形金刚》无偿赠送给亚太地区的各家电视台。因为是无偿赠播，所以大多数电视台都欣然播放。果然，成千上万的亚太地区儿童都迷上了变形金刚。孩子们将对变形金刚动画片的迷恋寄托于现实生活中变形金刚玩具。于是，市场空缺逐渐拉开，变形金刚玩具适时投入市场，孩子们蜂拥抢购。变形金刚系列玩具的销售量直线上升，商家赚得盆满钵满。

在这个案例中我们不难看出迂回战术的魔力。

广告是直接的促销手段，它将变形金刚系列玩具的特点呈现在世人面前，可是收效甚微。《变形金刚》动画片，则是以一种影音的形式在无形之中迎合了孩子们的胃口之后，再将孩子们对动画片中变形金刚的迷恋转移到玩具上来。这就是迂回的妙处。

同样的，我们在与上级领导、周围同事进行沟通的时候，迂回战术往往也能带来意想不到的收获。

1939年，罗斯福总统的私人顾问亚历山大·萨克斯受爱因斯坦等科学家的委托，企图说服罗斯福重视原子弹研究。尽管有科学家们的信件和备忘录，但罗斯福的反应依然很冷淡，他说："这些都很有趣，不过政府若在现阶段干预此事，看来为时过早。"

第二天，为了表示歉意，罗斯福邀请萨克斯共进早餐，但是，罗斯福提出，早餐时不许再谈爱因斯坦的信。

萨克斯笑着对总统说："我想谈一点儿历史。英法战争期间，在欧洲大路上不可一世的拿破仑在海上却屡战屡败。这时一位年轻的美国发明家富尔顿来到了这位法国皇帝面前，建议把法国战舰上的桅杆砍掉，撤去风帆，装上蒸汽机，把木板换成钢板。但拿破仑想，船若没有帆就不能航行，木板换成钢板，船就会沉没。他嘲笑富尔顿想入非非，将富尔顿轰了出去。后来，历史学家们在评论这一段历史的时候认为，如果当初拿破仑采纳富尔顿的建议，那么那一段欧洲的历史就会重写。”

罗斯福沉思了几分钟，真诚地向萨克斯举起酒杯：“祝贺你！你胜利了！”

萨克斯说服了罗斯福，美国开始制造原子弹。

领导之所以为领导，是因为他们历事颇多、久经世故，他们的人生阅历使得他们不论遇到什么事情都能临危不乱。当然，他们有一套自己的处事方法与原则。所以，我们提出的观点或者建议很难直达他们的内心。并且，过于激烈的言语，也会使得他们心生不快。基于此两方面的原因，在和上级领导进行沟通的时候，婉转迂回的方式更能使他们愿意听我们说话。这大概就是古人以迂为直的奥妙所在吧。

无论是向领导提出我们的观点和意见，还是和同事进行讨论，我们都要注意一个很重要的方面。那就是一定要选对时机和场合。一般来说，在娱乐活动中，对方的心情比较放松，这时候我们提出的观点会更容易被对方所接受。特别是如果我们能把所提的观点同当时的情景结合起来，通过暗示、类比等一系列活动进行指引，会得到意想不到的效果。

某单位刚购置了一批计算机及相关设备，并准备修建一个机房。但在机房安置空调机一事上，老总却不批准，认为单位的其他人都在没有空调的情况下工作，不宜对机房破例。虽然有关人员据理力争，说明安装空调是出于机器保养而非个人享受的需要，但仍然不能改变老总的想法。

有一次，老总与大家一起出去旅游、参观。在一个文物展览会上，老总发现一些文物出现了破损，就向解说员询问是怎么回事。解说员解释说，这是由于文物保护部门缺乏足够的经费，不能够使文物保存在一种恒温状态中，天长日久，就造成了文物的破损。如果有一定的制冷设备，如空调，这些文物可能会被保存得更好。老总听后，若有所思。

这时，站在老总身旁的机房负责人老李乘机对老总低语："张总，机房里装空调也是这个道理啊！"老总看了老李一眼，沉思片刻，说："回去后再打个报告上来。"后来，这位领导果真批准了机房安装空调的要求。

从这个例子可以看出，正是由于老李能够不失时机地将眼前的景象同自己所要提出的建议联系起来，使领导产生由此及彼的类比和联想，才使得问题得以顺利解决。

所谓寥寥数语竟然胜过据理力争，这就是迂回沟通中"四两拨千斤"的力量。

迂回婉转的方法很容易淡化矛盾、转移争论点，使我们摆脱其中的利害关系，从而减少他人对我们的敌意。在对方心绪平和下来后，理智会占上风，他人自然会认真考虑我们的观点，这样，就不至于先入为主地将我们的意见一棒子打死。

善用智慧，用脑子说话

马斯洛说过：“在社会上生活的人，谁都想满足自我的需要，都希望别人能承认、尊重、赏识自己的知识和才能。”为了达到求职成功的目的，我们需要不断地想方设法，在招聘单位面前表现或推销自我，以使对方从心理上接受自己，为顺利获得职位开通道路。

“自我推销”是一种艺术。战国时代，前人就以他们的智慧和经验，创造出了“无敌的自我推销术”。这类推销术方法很多，方式也不一样。如“连横”策略的创始人张仪，他由魏国一名不起眼的小说客，一跃成为秦国的丞相，以滔滔雄辩之才登上万众瞩目的政治舞台，执战国政局之牛耳。再如毛遂自荐的著名典故中，毛遂在重任面前，不顾所谓自谦之仪，勇于自荐。诸如此类，不胜枚举。无论是哪一种方式，我们如果只关注表面的形式，将前人留下来的经验照搬的话，很可能会适得其反。我们只有更深层次地看到这些形式后面是前人在用脑子思考、用脑子说话，才能学会自我推销的精髓，找到放之四海而皆准的方法。

一个刚刚大学毕业的女孩到一家公司应聘财务会计，投递简历时就遭到拒绝。因为她实在太年轻，没有工作经验，而公司需要的是有丰富工作经验的资深财会人员。但女孩没有气馁，一再坚持。她对面试官说：“请再给我一次机会，让我参加完笔试。”主考官看她如此坚持，答应了她的请求。结果，她通过了笔试，由人事经理亲自面试。

人事经理对这位女孩很有好感，因为她的笔试成绩最好。不过，女孩的话让人事经理有些失望，她说自己没有工作经验，唯一的经验是在学校期间管理过学生会财务。找一个没有工作经验的人做财务会计不是他们的期望，经理决定放弃："今天就到这里，如有消息我会打电话通知你。"

女孩从座位上站起来，向人事经理点点头，从口袋里掏出两块钱双手递给经理："不管是否录取我，麻烦请都给我打个电话。"

人事经理从未见过这种情况，一下子呆住了。诧异地问："你怎么知道我不给没被录用的人打电话呢？"

"您刚才说有消息就打，那言外之意就是没录取就不会打。"

人事经理对这个年轻的女孩产生了浓厚的兴趣，问："如果你没被录用，我打电话，你想知道些什么呢？"

"请告诉我，我什么地方没能达到你们的要求，我好改进自己。"

"那两块钱？"

女孩微笑道："给没有被录用的人打电话不属于公司的日常开支，所以由我付电话费，请您一定打。"

人事经理也满意道："你把两块钱收回去吧。我不打电话了，我现在就通知你，你被录用了。"

不得不说，这个女孩是个有心人。尽管没有工作经验，但是她在思考要如何才能得到这份工作，当她尽力而为之后发现自己还是会被淘汰的时候，她会思考她在这次面试中的经验和教训，从而为下一次的面试做准备。整个过程中，不论是恳求机会，还是咀嚼面试官话语里的意思，女孩都在用心思考。这些思考的结果就是后来那"两块钱"的故事。我们可以看到在整个应聘的过程中，女孩并不是滔滔不绝，可是她说的话都说在点子上了，都说到面试官心里去了。这就是用脑子说话。

汪莉莉在应聘上海某科技公司高级文秘的面试中，遇到一名口若悬河的“演讲家”考官，汪莉莉凭着她得体的处理方式，顺利被该公司录取了。

汪莉莉是进入该公司最后一轮面试的两名求职者之一。面试一开始，面试官就滔滔不绝地向她介绍该公司的情况。汪莉莉开始感觉很轻松，边听边点头。但慢慢发现面试官越说越兴奋，而且听不出他说话的重点，根本不给被面试者发挥的机会。她开始感觉有点儿茫然，但极力掩饰住自己的不安，试图在面试官说话的间隙，打断他再转换一个话题，改变这种局面，却发现面试官根本不予理会，而是在淋漓尽致地“表现”自己。

这时，聪明的汪莉莉采取了“以静制动”的应对方法。在面试官的表达出现卡壳的时候，进行适当的提示，并尽量让自己融入到他的“演讲”中，不断点头、微笑……“演讲”结束时，面试也跟着结束了，汪莉莉被当场录取。

在整个面试过程中，汪莉莉看似几乎没有说话，事实上，她“说”了，她用脑子“说”了。那些点头、微笑的动作，就是汪莉莉在向面试官传达这样一个信息：您说得很好，我受益颇多。对于这样一个虚心受教的应聘者，面试官怎么会不喜欢呢?

人与人之间的个性存在各种差异，一般表现在兴趣、能力、爱好、性格等各个方面。气质不同的人的情绪在活动中产生出快慢、强弱及指向性各异(外向、内向)等方面的特点。例如，有的人遇事情绪容易激动，反应迅猛，感情外露；有的人遇事慎重，反应缓慢，感情内向。这就是由于人们的气质类型不同所致。

人类内心中最强大的驱策力，便是希望自己能够在社会中扮演重要的角色。而在向他人展现你的价值时，往往是那些懂得如何自我推销、善于用脑子说话的人占充分的优势。这类人身上所表现出来的状态大多是：他们找工作容易，升职也较为迅速，而且他们可以不费周折地轻易拓宽自己的人脉网络，别人也会以与他交往为荣。所以，学着做一个自我推销的高手，在面对不同类型的人的时候能够用心思考给予他们需要的反应，这样，才能顺利地成为成功者。

你本身或许是一个非常有才华的人，但你若是不懂得如何推销自己，不懂得用脑子说话，那么就不可能让别人知道并了解你的能力所在，也不能与他人建立一种愉悦的关系。当他人不清楚你究竟有多好的时候，那么即使你将问题处理得再好，恐怕你也不会得到本该拥有的东西。

历史上的楚襄王不思进取，贪图享乐，不理朝政，听信小人谗言，结果接连被秦国攻城掠地，不断割地赔款，江山社稷岌岌可危。但软弱又天真的楚襄王并没有奋起反抗，而是一味地隐忍退让，期待秦国人会良心发现，适可而止。很多关心国家安危的大臣们十分着急，他们纷纷进谏，但楚襄王选择无视这些谏言。很多人屡次进谏都没能获得成功，反而引起楚襄王的反感，被冠以多言滋事、危言耸听的帽子。

有一位名叫庄辛的大臣，足智多谋。国家日渐衰亡、危在旦夕，他看在眼里，急在心里，又见众人谏言无效，就亲自去找楚襄王。庄辛知道自己要是直接劝说，肯定也是徒劳无功，只有另辟蹊径，才能进谏成功。

正在花园赏花的楚襄王见庄辛走来，就知道是来劝谏的。楚襄王打定主意，无论庄辛说什么，自己都当作耳旁风。所以等到庄辛来到他身旁的时候，他只瞄了庄辛一眼，一言不发。

见楚襄王此种神态，足智多谋的庄辛也不知道要如何另辟蹊径。正当庄辛苦苦思索之际，恰有一只蜻蜓飞来，庄辛脑海中灵光一闪，急中生智：“大王，您看见那只蜻蜓了吗？”

楚襄王一听，甚觉有趣，便说：“看见了，有什么特别吗？”

庄辛继续说：“吃了蚊子，喝了露水，停在树枝上休息，自以为与世无争，世人不会对它怎么样，它活得多安逸啊！但它哪里知道，树下正有个小孩拿了黏杆等着它呢！顷刻间，它就会坠于地上，被蚂蚁蚕食。”楚襄王面露凄然之色。

庄辛又说：“您看见那只黄雀了吧？它跳跃在树枝上，吃野果，喝溪水，自以为与世无争，世人该不会对它怎么样，但它哪里知道，树下正有个童子，拿着弹弓对准了它，顷刻间，它就要坠下地来，成了人间美味！”楚襄王面存惧色。

庄辛又说：“禽鸟的事不足论，再说一下蔡灵侯吧。蔡灵侯左手抱姬，右手挽妾，南游高陂，北游巫山，自以为与世无争，别人该不会对他怎么样，哪知子揽已经奉了楚宣王的命令，前去征讨而夺其地了，顷刻间，蔡灵侯将死无葬身之地。”楚襄王吓得手脚抖动起来。

庄辛又说：“蔡灵侯的事远了，咱说眼前吧。大王您左有州侯，右有夏侯，群山包围，日夜欢愉，自以为与世无争，会得到别人的容忍，哪知秦国的穰侯已经得了秦王之令，正率重兵向我国进发呢！”

至此，楚襄王脸色发白，浑身发抖，他决心痛改前非，重振国威。庄辛的进谏忠心可嘉，楚襄王为此奖赏了他，被加封为阳陵君。自此，楚襄王励精图治，与秦人一争高下。

其实，庄辛要说的话和群臣一样，都是要劝楚襄王振作起来，但别人的话楚襄王听不进去，庄辛的话却让楚襄王吓得浑身发抖。原因在于，庄辛在与楚襄王的沟通之中，苦苦思索出一个迂回策略。他抓住了两个关键点，一是用画面和事例来说明道理。楚襄王听了这些话自然会产生联想，当他想蔡灵侯的真实下场的时候，自然就会想到自己的下场。二是把国家的生死和楚襄王的生死利害关系联系在一起。所以，在与他人进行沟通的时候，不是靠滔滔不绝的雄辩口才，而是靠深思熟虑、步步为营的脑中智慧。直白的语言很可能会招人反感，善用脑中智慧，采取迂回的战术，让他人自觉明白自己的过错，才能出奇制胜。

在具体的应用中，结合古今中外智士的经验和智慧，我们可以将“用脑子说话”的策略稍加总结归纳，得出以下几点自我推销操作化的具体做法。

首先，增加曝光率。自我推销，其实可以当成对自己的公关活动来经营。在公关推广的过程中，最关键的就是要想方设法增加曝光率。你可以将你现有的人脉作为源头来发展，你要让认识你的人了解你的才华在哪里，以及你能够给他们提供什么样的利益和帮助。在得到了现有人脉网络的肯定后，便可以通过他们的关系与他人建立更广阔的人脉网络，这样逐渐地积累，自然就会被更多的人所认可了。

其次，制造话题。所谓制造话题，就是可以通过宣传炒作的手段来达到人尽皆知的目的。留心观察生活的人不难发现，但凡那些票房收入颇丰的电影，都会有一个共同点，那就是宣传和炒作为其带来了更加辉煌的经济效益。这用在自我推销上也是同样的道理，你的人气越旺，被关注度越高，就会使被需要、被利用的价值越大。不妨借助网络的力量，为自己制造一个引人注目的话题，或者是借用他人的口让更多的人看到你，这样自然能够达到你所预期的效果了。

但是，这里有一点需要提醒的是，制造话题是有美名和恶名之分的，你不能只为了吸引别人的目光，为了推销自己而不分究竟是美名还是恶名。否则反而会给你惹来很多不必要的形象包袱，它们将时时刻刻和你如影随形，浪费你的青春和精力。

再次，趁热打铁。当已经进行了第一波自我推销的时候，也不要忽视乘胜追击、趁热打铁的重要性。不然，就会如同流星般一闪而过，无法让人永久地记住你的存在。你可以选择向他人寄送自己的作品、随时更新自己的档案资料的方式来继续吸引他人的眼球，时常出现在他人的视线之中，会让你的自我推销更具有穿透力和生命力。

善于自我推销是每个梦想成功，追求成功的人的必修课。如果你意识到了自己的不为人知，那么，现在就开始行动吧。用脑子说话，让更多的人认识你、了解你、欣赏你，让你的人生充满灿烂和辉煌。

借力自我推销

“君子，善假于物也。”在今天竞争如此激烈的现代社会中，你要想在事业上收获到成功的喜悦，自我推销是一种必须具备的生存手段，而借力自我推销能达到直接自我推销所不能达到的效果。

老爷爷发现有一只老鼠正在吃晒在屋顶上的粮食。他连忙抓起一颗石子向老鼠砸去，但无奈屋顶太高，打不准老鼠。这时，老婆婆正好抱着家养的白猫走了过来，看见屋顶上的老鼠继续吃着大米，便放猫去捉老鼠。白猫在四周转了转后，发现墙壁光滑，无法爬上屋顶，用力一跃，跳了一米多高，还是没跃上屋檐，反而重重地落在了地上。

老爷爷叹了口气，劝道：算了吧，位置太高了，怎会爬得上去呢。

“不，不，不！有办法。”老婆婆说完，瞧着老伴笑了，“借肩膀用一用好吗？”

白猫借着老爷爷的肩膀，用力一跳，跃上了房顶，然后悄悄地爬到了老鼠身后，用力一扑，老鼠就在猫儿的利爪下死掉了。

老太太高兴地说道：“看见了吧！只要有他人的支持，不管什么位置上的老鼠，都不会逃出被抓住的命运。”

这是一个并不罕见的做事技巧。成功者经常强调要建立良好的人际关系网，它的真正含义是：形成有助于你成长的“人脉”，与人合作是成功的捷径。成大事者的一大特点就是：善于通过与人合作，将众人之力凝聚成无坚不摧的武器，在实现团队目标的同时也完成了个人的人生目标。

在生活中，巧用他人的声望来提高自己的身价这样的例子是随处可见的。例如，北京北海公园北面有家名叫仿膳的老饭庄，已经有数十年历史了。虽然这里的饭菜全是仿照清朝宫廷菜的方法烹制，但生意一直很清淡。后来老板通过调查，发现外国游客大都对皇帝的起居饮食怀有浓厚兴趣，于是决定以“皇帝曾经吃过的饭菜”作为仿膳的特色，大张旗鼓地进行宣传。他们四处搜集了许多关于宫廷菜点的传说和有趣的轶事，编成故事，让服务员背下来，在点菜、上菜时根据不同顾客、不同场合加以介绍。这样一来，生意一下子红火起来。

同样，在自我推销中，言语之间也能借用他人名望来抬高自己的身价。

有一次，美国华盛顿市长在仿膳举行答谢宴会，席间服务员端上一盘宫廷点心，彬彬有礼地介绍说：“慈禧太后曾在夜里梦见吃肉末烧饼，第二天早上碰巧厨师为她准备的正是肉末烧饼，她高兴极了，认为这正是心想事成、吉祥如意的象征。今天各位吃的就是当年慈禧太后‘梦寐以求’的肉末烧饼，愿大家今后事事如意，步步吉祥。”一席话把美国客人逗乐了。市长高兴地敬了服务员一杯酒，说：“下次来北京，再来你们这里做客！”

现在，就让我们来看看你身边可以利用的现有资源到底有哪些吧。

1. 同学资源

同学是最好的人脉资源，因为同学之间往往接触比较密切，学生时代的青涩、真诚依然留在彼此的记忆中，彼此十分了解，更重要的是，同学之间很少存在实际的利益冲突。因此这种友谊比起一般社会中的人际关系也就更纯洁，更可靠了。

同学相互之间提携的作用不可小视，同学在人脉网络中的地位也相当重要。曾经有这样一个班级，大学学的是新闻专业，毕业后多年这些大学同学都没有聚会，而是各自奋斗在自己的人生路上。终于有一天，他们曾经的班长牵头，组织了一次大聚会。大家均已多年没有联络，都以为会没有几个人参加，即使去了，也只是吃顿饭喝喝酒罢了。但去了之后大家才发现，除了少数几个因有紧急事务，实在脱不开身而未参加的同学外，班里其他同学都来了。同学们来自全国各地，大家聚在一起，气氛热烈而温馨。因为是学新闻专业的，所以大部分同学都在报纸、杂志、出版社、电视台等新闻媒体的领导岗位上工作，还有些人已经在国内知名的媒体集团出任总裁。大家都已事业有成。

同学们发现，这么多年忙于整合身边的各种资源，却忽视了同学这个最大的资源。一番简单的沟通后，竟然达成了三个合作意向，这次同学聚会令大家受益匪浅。

很多人已经充分地认识到了同学是最重要的人脉资源。在校的忙着建立亲密的关系；离开校园的也纷纷回归学校参与各种培训和进修；有的MBA（工商管理硕士）甚至在招生简章中就直接声明经过培训，将会得到更广阔的人脉网络，来把它作为吸引生源的一种重要方式。

同学资源是我们每个人最值得珍惜的人脉资源，如果你能够有效地加以运用，那么每个同学都会成为你事业中的贵人，助你走向成功之路。

2. 办公室资源或同事资源

所谓办公室资源，就是指在从事职业工作后所建立的各种人脉资源，这种通过工作关系成为朋友的情况很常见，如生产商和原料供应商之间、客户和银行之间、病人和医生之间、同事与同事之间等等，都是通过职业的交往而结识为朋友的。善于利用这样的资源，也能不断丰富你的人脉资源。

充分利用工作中积累的资源来扩展自己的人脉网络，已经成为许多人事业成功的捷径和法宝。某汽车配件商何先生在创办汽配公司之前，在省供销社上班。在工作期间中，他积累了大量的办公室资源，非常注意与同事、客户发展关系，这使得他在创业的时候省去了很多寻找客户的时间，因为现有的资源已经能够成为他创业的资本了。

在办公室资源中，你应该尽量与行业里的专家、同事、领导、学者、资深人员、管理人员等一些能够对你有所帮助的人进行深层次的交往，他们都是你在行业中切入人脉网络的最好入口。

3. 同乡资源

市场经济高度发达的今天，不少人都是背井离乡地外出寻找更大的发展空间。因此同乡人自然就成为很好的人脉资源。

同乡人脉资源所起到的作用自古至今都有所体现，比如曾国藩用将用兵只喜欢用湖南人，组建的军队也称为湘军；而李鸿章训练的部队则称作淮军；张作霖号称“东北王”，他的麾下都是东北人；温州人在各地做生意都不忘相互关照，等等，这样的例子不胜枚举。

人们对于同乡的情感都是发自肺腑的，因为同乡的关系大都具有人文情感和地域情感的双重特点。

而且，同乡资源的亲切感是其他资源无法替代的，所以好好把握这份有用的资源吧，这必定会让你的人脉网络获益匪浅。

4. 邻居资源

在大家所熟知的资源中，最容易被忽视的可能就是邻居资源了。邻里关系总是被人津津乐道，可是随着社会的快速发展，越来越多的高楼大厦替代了大杂院，也使得本来亲密的邻居之间越来越冷淡了起来。

事实上，只要你多付出一点儿努力和关心，便很容易将你的邻居纳入你的人脉网络。只要尊重你的邻居，并愿意同他们成为好朋友，积极主动地与他们交往，他们多半也会这样待你，你的生活也会有所变化。只要用心和你的邻居交流，就会发现你们之间有许多共同关心的事情。

要想拥有高质量的邻居资源，就必须有目的地选择一些好邻居。所以，在买新房子的时候千万不要冲动，最好先看看你的邻居都是些什么样的人。另外不要忘记时常去拜访一下曾经的老邻居，告诉他们自己将搬迁到何处，最近过得怎么样，以便以后及时联系。

如果你从没有在乎过你的邻居，那么你就像是一个坐在金矿上自己却还不知道的人。任何人脉都是需要经过时间的酝酿而累积的，这就是为什么现有的资源更加容易被利用，而这个资源又常常被忽略的原因。绝大部分人工作后就只会留意因事业而结识的朋友，这样做虽然能够有效地累积起你的办公室资源。但是与这样的资源相比较，更加容易收获的反而是你的同学、同乡和邻居资源。因为不论是儿时的玩伴、昔日的同窗，还是住在你对门的邻居，他们早就经过了时间的洗礼和考验，你与他们之间存有的许多共同记忆是无法磨灭、无法代替的，更加容易引起感情上的共鸣。

人之所以成为人，与动物最大的不同就是因为我们生活在社会中，而社会是由许许多多的人组成的网。人际关系就是人生的网络。它影响我们的思想、事业、感受与行为，有时还影响我们一生的成败。譬如，每个人都渴望自己被别人承认和信任；一个人往往因为别人对自己的重视而感到自己存在的重要性；别人的评价使自己确信自己拥有的价值；一个人的人格受到足够的尊重而且能有充分的自由表现个人的才华并做出决策时，其工作的兴趣必然大增，工作效率必然会提高。而人际关系不佳，人与人之间的关系紧张，工作就不会协调，工作效率就无法提高甚至还会降低，人的积极性就会受到压抑，人也就只会发挥百分之三十至百分之四十的才能。由此可见，人际关系的好坏如此重要地影响着我们的一生。

成功者常常会告诉我们，他们在职业生涯的早期曾得到过朋友或前辈的指引。甚至一个泛泛之交或陌生人，对我们一生说不定也可能会有重大的影响。当然，并不一定非要利用名人效应不可，因为也没那么多名人生活在我们的身边。但是，只要你愿意细心观察，自然会发现这种现成的资源到处都有。在复杂现实的社会关系之中，在各种社会关系构成的因素面前，互相利用是人性的弱点，但它也是人类共同需要的心理倾向。你逃避不了就只能去坦然面对。俗话说得好：“一个篱笆三个桩，一个好汉三个帮。”如果不懂得或不善于利用他人的力量来帮助自己成长，光靠单枪匹马闯天下，在现代社会里是很难有所作为的。

借助别人的力量壮大你自己，你就需要利用好身边的这些有利资源。认真对待他们，早作规划，长远铺垫感情。在理清了我们自己所有的资源之后，我们要如何才能自然而然地和这些资源搭上关系呢?

很简单，在平时与他人的交谈中，我们可以时不时地在口中冒出这些人的名字，当引起对方的好奇之后，他们自然会询问这些人的情况，那么，就我们所了解的说上那么一些。然后，在某个重点处加上我们要重点表达的信息。至此，对方心中就会形成“眼前这个人和某某之间的关系网”，他们自然也就记住了眼前这个人。

许多商业广告喜欢用名人而不惜花费重金，实际上也是借力推销的应用。

名人都喜欢用的东西，普通人在心理上更容易认可：“我和某某用的是同一个品牌”。

同样是消费，多了一层“攀龙附凤”的光环，自然大多数人愿意借这个光，来抬高自己的身价。

美国一家食品公司所生产的天然花粉食品销路不好，经理绞尽脑汁，如何才能激起消费者对的购买热情呢？如何使消费者相信对身体大有益处呢？

广告宣传未必奏效，因为普通的食品广告大家见得太多了。

正当大家一筹莫展时，该公司负责公共关系的一位公关小姐突然说道：“××长期吃此食品。”

原来，这位公关小姐非常善于结交社会名人，常常从一些社会名流那里得到一些非常有价值的信息。

这一次她从××的女儿那里听到了对本企业十分有利的信息。

××的女儿说：“二十多年来，我们家冰箱里的花粉从未间断过，父亲喜欢在每天下午四时吃一次天然花粉食品，长期如此。”

后来，该公司公关部的另一位工作人员，又从××的助理那里得来一条新信息，××在健身养生方面有自己的秘诀，那就是：常吃花粉，多多运动，睡眠充足。

这家公司在得到上述信息并征得××的同意后，马上发动了一个全方位的宣传攻势，告诉消费者，××之所以体格健壮，精力十足，是因为常年服用该公司天然花粉的结果。

于是该系列食品席卷了美国同类产品市场。

借力自我推销，实际上就是沾点大人物的光，至于如何去沾上这点光，方法不只以上这一种，只要用心，就能心想事成。

借力自我推销能达到直接自我推销所不能达到的效果。而借助别人的力量壮大自己，你就需要利用好身边的办公室资源、同学资源、同乡资源等有利资源。认真对待他们，早做规划，长远铺垫感情，以利不时之需。

巧用“以点代面”的误解布置棋局

巧用“以点代面”布局，说白了就是“打肿脸充胖子”，只让人看到自己强大的一面，从而形成一种有实力、很强大的错觉。比如在求人时，可以把你仅有的“资本”集中在一个点上，让对方只看到你强大的一面，让他们从你强大的一面做出对你全面实力的考量，从而对你的整体实力产生错觉。这也是“打肿脸充胖子”这种聪明做法往往很有效的原因。

这种方法，经常被一些想办成某件事，而自身力量又不够的人所运用。运用得当，确实能够“瞒天过海”，取得成功。

在二十世纪三十年代，日本神户地区新开了一家经营煤炭的福松商会，经理是少年得志的松永左卫门。开业不久之后的一天，商会中来了一个当时神户最出名的西村豪华饭店的侍者，他送给松永一封信，上面写“松永老板敬启”，落款“山下龟三郎拜”。信中说：“鄙人是横滨的商人，承蒙福泽桃介(松永父亲的老友，借了巨资给松永作商会的开办费)先生的部下秋原介绍，欣闻您在神户经营煤炭生意，请多关照。为表敬意，今晚鄙人在西村饭店聊备薄宴，恭候大驾，不胜荣幸。”

当晚，松永一踏进西村饭店，就受到了极其热情的款待。山下龟三郎毕恭毕敬，使得松永难免有一种飘飘然的感觉。在酒宴过程中，山下提出了自己的恳求：“安治有一家相当大的煤炭零售店，信誉非常好。老板阿部君是我的老顾客。如果承蒙松永先生信任我，愿意让我为您效劳的话，通过我将贵商会的煤炭卖给阿部，他一定会乐于接受。贵商会肯定会从中得利。而我呢，只要一点儿佣金就行了。不知先生意下如何？”

松永听完之后，心里就飞快地盘算起来。没等他开口，山下就把女招待叫来，请她帮忙买些神户的特产瓦形煎饼来，并当着松永的面，从口袋里掏出一大沓大面额的钞票，随手交给女招待，并另外多抽出一张作为小费。

松永看着那一大沓钞票，暗暗吃惊，看来此人经济实力非常雄厚。稍一镇定，便对山下说：“山下先生，我可以考虑接受您的请求。”稍作谈判后，松永便与山下签订了合同。

丰盛的晚宴过后，松永刚一离开，山下便马上赶去车站，搭上末班车回横滨去了，西村饭店这样高的消费，哪是山下所能承受的？

他那一大沓钞票，其实只是他以横滨那不景气的煤炭店作抵押，临时向银行借来的。介绍信则是在了解到福泽、秋原与松永的关系后，借口向福松商会购买煤炭，请秋原写的。然后，山下又利用豪华气派的西村饭店作舞台，完美地上演了一出财大气粗的“胖子戏”。

从那以后，山下一文不花，从福松商会得到煤炭，再转卖中部，从中获得大笔钱。

业务介绍信、饭店里设宴谈生意、给侍者小费，这些都是日本商界中司空见惯的做法。山下就是利用这些极为平常的小事，用大方的出手和周密的计划来传达自己拥有雄厚实力的信息，也使对方认为自己真的是一个各方面都值得信赖的人。从而达到了自己的目的。而年轻的松永，被山下的诚恳恭敬、热情招待和慷慨大方所迷惑，认为山下是他所寻找的合作伙伴。所以说，当我们在一无所有，却又有求于人的时候，不妨在我们所能做到的“点”上下狠功夫。因为，我们所求之人通常会通过一两个“点”来概括出我们是不是他们所需要的人。

刘备，刘皇叔，看过《三国演义》的人都知道。但是很少有人知道在汉朝，刘姓的皇族，天下少说也得有个几千户，实在不是什么稀奇。刘备是这个皇族的破落户，打小父亲就死了，一直和母亲相依为命。当时的刘家已经极其落魄，为了生计，刘备的母亲学会了一门编织草席的手艺。靠着这门手艺，母子俩勉强糊口度日。刘母去世之后，只留给了刘备两样东西：编织草席的手艺和一本刘家皇族家谱。

也许是因为手脚过大，刘备做起这门手艺活儿来粗糙笨拙，销路自然不好。几年之后便丢了这个饭碗。这时，刘备唯一在身的就是母亲留下的那一本皇族家谱。每当深夜时分，刘备就轻轻捧出家谱，放在灯下，呆呆地出神。他常常自怨自艾地感叹，别的皇族子弟不是侯爵，就是贵族，自己好歹也是皇族出身，根正苗红，如今却沦落到这步田地，真是命运弄人啊！

但是哀叹不起任何作用，改变不了自己困窘的状况。刘备开始动起脑子来，他的眼睛盯在了自己唯一的财富—皇族家谱上。既然自己也是皇族后裔，何不趁着天下大乱，打着皇族的旗号干一番大事呢？汉朝的天下还是刘家的天下，能够跟皇族沾亲带故，那是无上的荣誉，更是丰厚的资本。那刘表、刘谭、刘蹈等人不是刘姓皇孙，也都是一方的君侯。

刘备抛出自己皇族的身份示人，是在刘、关、张三人桃园结义后，约定共举大事之时。中国人自古讲究个“师出有名”，名不正则言不顺，举事自然要有个好的名堂。三人一合计，刘备是汉室宗亲，又是当今皇上的叔叔，好风凭借力。“匡扶汉室”这一借口无疑是最靠谱的理由。当初，刘备的祖宗刘秀也是靠着汉室宗亲的名义，赢得各地老百姓的响应，把王莽赶下台的。刘备显然是借鉴了祖宗的做法—匡扶汉室。找到举事的好名义之后，三人散尽家财，招揽了一些人马就出发了。

不过，有了身份归身份，要想成大事，刘备还得需要当今皇上对他这个身份的认可。他耐心等待机会，时机一到，立即把自己这个皇族身份亮出，以求得到名号。汉献帝本无实权，一切皆在曹操掌控之中，听说有一个姓刘的本家立了赫赫战功，自然感觉有人给他撑腰。于是，宣刘备上殿，一问才知道，刘备乃中山靖王之后。论辈分，还是自己的叔叔。献帝心中大喜，心想：曹操弄权，把持朝政，如今得了这个英雄叔叔，日后必定能助我恢复汉室。

很多当时的著名谋臣武将如徐庶、魏延等都是慕刘备的皇叔之名，才投靠而来的，皇叔这个“名号”让刘备占到了大大的便宜。老迈病残的陶谦把徐州让给了他。刘备名片有了，名号也打响了，就开始树立种种对成就自己的大业有利的形象。孙、曹、刘三家中，数刘备的力量最弱，刘备所能做的就是用尽一切对自己有利的招数把能干的人招到自己的麾下。

建军立师，他抛出刘家皇亲的名号；招揽人才，他不顾风霜雨雪三顾茅庐；笼络民心，他可以为民心痛到落泪。他在具体的状况中找到了当时情境中他所求之士兵、良将、百姓所渴求看到的那个“点”，并适时地表达了出来。对方在看到他们所渴求的这个“点”之后，便会根据这个点来推断眼前之人的全部人格、性情，甚至是执政能力、军事素养。也许这就是处于弱势的刘备能与孙、曹三分天下的关键因素。

参透人们大都有“以点代面”的思维定式，并善于运用这个思维定式的人，往往能在最不利的境况中起死回生。善用“以点代面”的思维定式的人，他们不甘被身前的环境所束缚，想尽一切办法改变自己的困难处境，而最有效、最直接的办法就是让别人觉得自己的处境很好。

如何做到“以点代面”，让别人觉得你的处境很好？不妨给人们一些他们所希望看到的具有代表性意义的典型举措。人们通常会根据这些举措来推断我们是不是一个值得信赖的人，从而决定是否做出有利于我们的决定或给予我们想要的帮助。

沟通中多采用问句征询对方意见

每个人都希望被他人尊重，都不希望别人用强迫命令的口吻指使自己做某事。心理学研究表明，人人都具有排他心里，特别是在别人以强硬的姿态命令自己遵从他的意见时。在我们的日常生活和工作之中，我们也通常会对对方的祈使句产生逆反心理：“我凭什么听你的！”但是问句的效果就不一样了，问句表明的是一种征求对方意见的立场，是一种平等的对待，通常能让对方做出我们期望的行为。

很多主管都曾有过这样的经历：你想限期完成某事，但是你这样要求部属：“这个案子，我们一定要在月底以前完成！”你说这样的话可能会使大家感到很疑惑，因为你决定这个期限，只考虑到你自己的立场，并未考虑到其他人的困难，部属可能另有要务而无法配合你，就算他们能够放下手边的工作，顺利完成你临时要求的工作，也会多有怨言。

如果我们能改用委婉的口气给部属布置任务，那么所招致的怨气一定会减少。例如，你说：“我们接到一个很急的订单，这个订单对我们部门很重要，需要在月底以前交货，各位觉得怎样做比较好？”

小张是北京一家公司的实习员工，她的搭档是一位精明强干的女强人李姐。小张业务能力很强，但是对于很多刚刚上手的工作还处在熟悉阶段，因此做起事情来就显得慌里慌张，常常将印过的资料不加整理就交出去。她的慌乱还体现在她那张乱七八糟、不堪入目的办公桌上。李姐就这些问题常常将小张训得一无是处，讽刺小张不要只关心每天都往脸上抹些啥，还要关心一下自己的工作问题。小张每每委屈得想要掉眼泪。

后来，小张调整了策略，不再等着李姐来数落她。而是一有问题就虚心请教，在她与李姐的沟通中，无论是问题，还是建议，都一律用问句。李姐也不是存心要找小张的麻烦，只是对于小张慌里慌张、毛手毛脚的工作作风看不过去而已，见小张一有不懂的地方就来主动问她，心想这孩子遭了批评还是这么虚心地求教，有了什么好的建议也先征求自己的意见。她表面上不说什么，实际上开始对小张产生了好感。

后来，李姐也被小张感染得开始用问句代替祈使句了。

最后，在李姐的大力推荐下，小张顺利地留了下来。两人仍然是搭档，并且合作越来越愉快。

从这个案例可以看出以下三点：首先，问句表达了“我很尊重你”的意思。这是问句优越于命令的地方之一。其次，问句也表现了我们要和对方交流的渴望，它是一种双向交流。相对于单方面想要将自己的想法强加在对方身上的祈使句，问句更加容易被人们接受。再次，问句也保全了对方的面子，这也许是对方最终决定接受建议的原因。我们保全了对方的面子，本着互惠的原则，对方也会顺着杆子接受我们的建议，而不会让我们太尴尬。

案例之中的小张正是在遭受委屈之后，冷静下来，镇定思考，最后决定用问句来占据和女强人李姐交流的主动权，让李姐体会到了那种尊重以及小张想要双向交流的渴望，才达到了两人关系由僵化到亲密的转变。

所以，无论是在生活还是在工作中，如果我们在与他人的交流沟通中能够以问句占绝大部分，那么，也就表明我们已经养成了委婉交涉的习惯。这最终会有助于我们达到交涉的目的。

很多人很难在与他人的沟通交流中达到自己的目的，就是因为直来直去的说话方式让对方感到很不快，最坏的结果就是恶化彼此之间的关系。如果我们不幸地习惯了祈使句的说话方式，那么结局就可想而知了。

在与他人的沟通交流中，如果我们能在交涉中多采用一些问句，运用一些迂回战术，不仅能使得我们自己的观点传达到对方心里，也能使得我们的一些建议能够被对方所接纳。

对于上位者来说，问句也优于祈使句。没有人会喜欢命令的口气和高高在上的架势。管理者与小职员的区别与人格无关，只与分工和职务有关，两者之间不存在高低贵贱的区别。所以，想让别人用什么样的态度去完成工作，就用什么样的口气和方式去下达任务。

用问句征询对方意见，不但能使对方维持自己的人格尊严，而且能使人积极主动、创造性地完成工作。即便是你指出了别人工作中的不足，对方也会乐于接受和改正，与你合作。

了解他人情绪，提高感知能力

人的感知能力不是天生的，人们通过观察与积累，能够形成一套属于自己的感知经验，就像见过世面的老人看到人的第一面，就能从眼神、动作推测出这个人的所有个性，这种“老到”是某些人追求的目标。一个追求关注自我的人，通常对感知力没有那么高的要求，他们会问：“为什么一定要琢磨别人的事？这和我有什么关系？”

拥有较高的感知能力有什么好处？难道仅仅是察觉别人的心思？不，察觉别人的心思是为了让自己更好地为人处世，说得直白一点，感知能力高的人能够轻易地“破译”他人的情绪，让他人的情绪为己所用。人不是机械动物，他们做出的决定，无论公事还是私事，大多有情绪的参与。了解别人的情绪，就能借着这种情绪或迎合或激将，达到自己的目的。

而且，一个懂得他人心思又心怀善意的人很有魅力，多数人都希望有这样的朋友。感知能力高的人极容易分辨别人情绪的起伏，第一时间了解他人的心理变化，给予心理上的帮助与关怀，这在别人看来是一份难得的心意，由此可见，在人与人的交往中，感知力很重要，何况你懂得合理利用他人的情绪，还能极大地改善自己的生活。

华先生有个别名叫“妻管严”，在朋友中，他是出了名的怕老婆。朋友们都说华先生胆小温柔，华太太泼辣能干，是天生的一对。华太太是有名的“河东狮子”，对老公的态度十分霸道，华先生脾气好，对这样的评论从来不生气，反倒很尊重老婆。

华先生也有烦恼，他最忧心的就是资金问题，每个月，他都把工资与奖金如数交给老婆，可是老婆对他的零花钱限制得很严格，华先生每次讨要不但成果不多，还要挨一顿训。朋友们有时聚在一起喝酒、抽烟，总拿别人的东西让华先生觉得脸上无光，见华先生如此烦恼，一位朋友给他支招：“你要趁你太太高兴的时候去要钱。”

经过一周的观察，华先生发现太太有三个时候最高兴：每周二晚上和闺蜜逛街回家的时候；每周五晚上做美容回来的时候；还有就是孩子小杰考了好成绩的时候。在妻子兴高采烈的时候，华先生适时地要点儿小钱，妻子爽快又大方。了解了妻子的情绪规律，华先生的零用钱果然大大增多。

因为发现了妻子的“情绪秘诀”，华先生的生活变得轻松愉快。生活中没有那么多意外，多数时候是平整而有规律可循的，而情绪就像一条曲线，时高时低，别人什么时候高兴、什么时候郁闷，通过短时期观察就能摸透。

如果你总是认为自己和他人相处不好，那是因为你没有仔细观察过他人的情绪，如果能够摸清楚他人的情绪规律，你会发现相处并不是你想的那么困难，甚至可以成为一种乐趣。那么，什么是“情绪规律”？如何利用“情绪规律”？

1. 别人高兴的时候适合锦上添花

人们有一种朴素的意识：雪中送炭的人才算真朋友，别人高兴的时候围上去，显得有点儿“趋炎附势”，其实这是对人与人关系的一种误解，其深层原因还是你将自己看得太重。转念想想，你高兴的时候，会把身边的人都看成来凑趣的吗？会认为他们趋炎附势吗？

每个人心中都有一杆秤，在你的朋友高兴的时候，你一定要去锦上添花，分享他们的喜悦。而且在这个时候，如果你求别人帮你做什么，对方大多会爽快地答应，说不定还会主动为你做事，如此又能分享快乐又能解决问题，何乐而不为？

2. 别人生气的时候，不要火上浇油

有时候别人正在火冒三丈，这个时候不论你想做什么，都要规避风头，不要凑上去当“第一道防火墙”，即使你要宽慰对方，也要记得用温和的语言和态度。

在这个时候，要坚决避免与对方发生争吵，生气的时候，有些人会口不择言，如果你和他对骂，或多或少会影响到你们的感情。这个时候也不宜去指责对方，要等对方“熄火”后再开始你的苦口婆心，对方自己想明白了一大半，你再加以点拨，事情就会顺利解决。

3. 别人着急的时候，应该雪中送炭

人际交往中有一种现象让人反感，有些人遇上事便急得团团转，身边的人不但不帮忙出主意，还说起了风凉话：“怎么样，我说了吧，你就是不按我的主意办，现在知道着急了吧？”

就算你真的是未卜先知的诸葛亮，也不要赶在别人火烧眉毛的时候指责对方，这只会让人降低对你的评价。这个时候，你应该积极地帮对方想解决问题的方法，等到一切处理妥当，你可以当“事后诸葛亮”调侃对方，这样不但不会让对方生气，反倒让他更佩服你的智慧和能力。

4. 别人难过的时候，禁止往伤口撒盐

做错了事、说错了话、准备不足导致失败，都是人们难过的理由。当别人难过的时候，如果身边有个拼命数落他的人，他的情绪会加倍沮丧，这时候如果说几句鼓励的话，也许会让对方快速振作起来，情绪就是这样，时晴时雨，却又不奇怪。

别人难过的时候，身旁的你应该当一个心灵医生，为对方包裹伤口，而不是往伤口撒盐，也许你的本意是帮对方消毒，但一个心灵正脆弱的人需要的是消毒水，而不是盐。

想要修炼高超的感知能力，彻底了解别人的情绪，还有一个很重要的前提：你一定要控制好自己的情绪。想当情绪高手，却连自己的情绪都把握不好，一边让别人冷静，一边火冒三丈；一边劝别人看开，一边自己纠结，这样做完全没有说服力，只会起反效果。

想要修炼高超的感知能力，彻底了解别人的情绪，你一定要控制好自己的情绪。如果你仔细观察过他人的情绪，就能够摸清楚他人的情绪规律，这时你会发现相处并不是你想的那么困难，甚至可以成为一种乐趣。

在被批评之前，先自我批评

职场之中，没有孤胆英雄。如果我们有求于人，而他人又不愿意爽快地帮助我们的时候，我们可以先进行自我批评：“我知道这点儿事情还要您帮忙实在是我的无能和无理……”如果我们犯下了错误，我们要在第一时间进行自我批评：“我知道现在说这些于事无补，但是……”此时，即使对方根本就不想听我们说话，也不会断然呵斥我们闭嘴。当他们冷静下来的时候，还会觉得其心可嘉、孺子可教。

自我批评到底有多大的功效呢？我们先来看一个案例。

美国著名励志大师卡耐基先生经常带一只小狗到公园散步。因为公园里游人一向不多，而他的小狗也不伤人，所以卡耐基常常不给狗系狗链或戴口罩。

一天，卡耐基又像往常一样带着小狗到公园散步。这天，他们很不幸运地遇到一位骑着高头大马的警察先生。

警察见此情景，就严厉地责问卡耐基：“你的狗跑来跑去，为什么不给它系上链子或者戴上口罩？你难道不知道这样做是违法的吗？”

“我知道，先生。”卡耐基答道，“不过，我的小狗很温顺，我相信它不会在这里咬人的。”

“你不认为！你不认为！法律可不管你是怎么认为的！小狗可能在这里咬死松鼠，或者咬伤小孩。这次我就不追究了……假如下次再被我碰到，你就必须去跟法官解释你的小狗不咬人的原因了！”

此后的一段时间里，卡耐基的确照办了。但他的小狗不喜欢戴口罩，他也不想让小狗受委屈，于是就抱着侥幸的心理依然不给小狗系上链子或者戴上口罩。这天下午，他和小狗正在一座山坡上赛跑，抬头时，突然看见那个警察正骑着马向他跑来。

卡耐基想，这下完了！他决定不等那个警察开口就先发制人。他说："警察先生，你好！这下你当场抓住我了！我有罪！因为你上个星期就警告过我，如果再带小狗出来，却不给它戴上口罩的话，你要惩罚我。"

"好说，好说。"警察一改上次的严厉语气，温和地回答道，"我知道在没有事的时候，谁都忍不住要带这样的小狗出来溜达溜达的。"

"的确是忍不住。"卡耐基附和道，"但这是违法的。"

"哦，事情没有你想象的那样严重。"警察说，"我们这样吧，你只要让小狗跑过前面的那个山头，到我实在看不到的地方，这事就算没发生过。"

在这里，卡耐基使用了先行自责的说服技巧，在警察开口质问的时候，首先进行了诚恳的自我批评，使得警察觉得自己受到了尊重，从而表现出宽容的态度，最终对卡耐基高抬贵手。

假如一个人一开始就谦虚地承认，他也可能犯错误，并不是无懈可击的，那么别人再听他评断自己的过失，也许就不会难以入耳了。一味责怪别人是徒劳无功的，尝试着了解别人才是我们应该做的。将注意力从试图说服对方转移到试图了解对方这么做的原因，会更有效果。这比批评更有益处，也更有意义得多；而这也孕育了同情、容忍，以及仁慈。

当我们免不了会受到责备的时候，就抢先认错吧。自己责怪自己总比受别人责备要好。

当我们知道有人想责备我们的时候，就先把对方的话说出来，那他就拿你没办法了。他会宽宏大量地原谅我们的过错，就像那位警察对待卡耐基和卡耐基的小狗那样。

当我们坦然面对自己的错误时，会感到某种意义上的满足。因为这消除了自己的罪恶感，也在某种紧张的气氛下保护了自己，更有利于迅速准确地解决错误。

傻子也知道为自己的过失辩护，但如果一个人能主动去承认错误，就会改变别人对自己的看法。

当我们确信自己正确，就要委婉地、友好地使对方认同我们的看法；当我们错了，请对自己诚实一些，马上真诚地承认吧。信和不信是你的问题，这种技巧不但能产生意想不到的效果，而且非常有趣。

因为，争辩绝不会使你得到满意的结果，退一步海阔天空，会有更多的收获。

当我们确信自己做错事了，那就请对自己诚实一些，马上真诚地承认错误。如果一个人能主动去承认错误，就会改变别人对自己的看法。这在某种紧张的气氛下不仅可以保护自己，还有利于迅速准确地解决错误。

话不能说得太满、太过

在日常生活中，一个人把握好说话的分寸是获得成功的关键因素之一。话说得太过头，对别人要求太高，言辞过于尖刻，会让别人听了很不舒服，让人觉得不识大体，不懂规矩。这样的人不仅容易得罪人，而且经常让人敬而远之，也无法与他人正常地交往。可见，说话要讲求分寸，话不能说得太满。

在漫长的中国历史上，有太多的人因为说话没有分寸，话说得太满而吃了大亏，甚至为此丢掉了性命。

隋朝的大将贺若弼，其父贺若敦是南北朝时期晋国的大将军，战功赫赫，但后来因为说话口无遮拦，不讲究分寸，得罪了宇文护而丢掉了性命。临死前，他用锥子将儿子贺若弼的舌头刺破，让儿子牢牢记住这个血的教训。

可是，贺若弼做了隋朝大将军后，忘掉了父亲的教诲。经常为自己的官位比别人低而愤愤不平，到处与人说以自己的才能即使当个丞相也可以，并常说这个人没本事、那个人不如他之类的话。后来，还不如他的杨素却做了尚书右仆射，而他依然是个将军，他更气不打一处来，总说大话。

这些话被一些别有用心的人传了出去，隋文帝杨坚当着文武百官的面责备他说："你这人有三个太猛：妒忌心太猛；自以为是太猛；随口胡说，目无他人的心太猛。"可是，因他开国有功，隋文帝并没有过于惩罚他。但他依然不吸取教训，又和别人说他跟皇太子杨勇的关系如何亲密。

后来，太子杨勇在隋文帝那里失了宠，杨广成为太子。杨广一派的人抓住贺若弼口无遮拦、得罪人过多的问题大做文章。

隋文帝又得知贺若弼在朝中胡乱说话，就把他招来，问道："我用杨素为丞相，你却在众官员面前放肆地说他只会吃饭，什么正事也不干，这是什么意思？你的言外之意是我这个当皇帝的也是废物不成？"因他话说得太满，得罪人过多，朝中大臣多揭发他过去说的那些对朝廷不满的话，并声称他罪当死。隋文帝治罪贺若弼，将其贬为庶民。

在与他人进行沟通交流时常常会遇到这种情况，不少人会为了显示自己的知识或能力，就自顾自地沉浸在自己的得意事中，高谈阔论、夸夸其谈，全然不会留意到周围人的感受。不知不觉地将话说得太满、太过。

这种人常自以为是最有本领的人。自己会觉得，如果他是生意人，就没人能比得上他成功；如果他是艺术家，他就能创造出最美丽的艺术品；如果他是领导，就能把一个大企业管理得极其出色。

爱自夸的人很难找到真正的朋友，他们重视自己、轻视一切，不愿理会别人的意见，只会吹牛，只听奉承，而不是找交心的朋友，于是就成了孤家寡人。

问问自己，在与别人沟通交流的过程中，你是个喜欢把话说得太满的人吗？你是否也经常说些不着边际的大话呢？如果有，就请你要注意了，在你身边的朋友还没有反感你之前，一定要改掉这个坏习惯。

元朝末年，神州大地的几路起义军和较大的诸侯割据势力中，大部分首领皆已称王、称帝。一时间，九州大地上"王""帝"满天飞。此时，只有朱元璋依然十分冷静，他坚定地采纳"高筑墙""广积粮""缓称王"的建议。

与其他各路义军首领迫不及待地称王的做法相比较，朱元璋的"缓称王"战略不可谓不高明。在当时，天下大乱、群雄割据并不意味着与中央朝廷势不两立、不共戴天。但一旦出个什么王或帝，打出个什么国号来，那就标志着这股势力与中央分庭抗礼，争夺天下。

元朝政府必定要派大军前去镇压，这就是所谓的“枪打出头鸟”。徐寿辉称帝的第二年，元朝大军就对天完政权发起了进攻，并很快灭掉了它。同样，张士诚、刘福通等人，莫不被元军所围攻，实力大降。究其原因，就是这些义军首领不知保存实力，说话狂妄，觉得自己的实力足够称王称霸。

相比之下，只有尚未称帝的朱元璋，一直到大举北伐出征前，都未受到元军主力的进攻。其中一个非常重要的原因就是，朱元璋一直在“忍辱负重”，隶属于小明王麾下。当时天下称帝者有多个，处于摇摇欲坠中的元政府根本顾不上朱元璋这类依附于某一小政权的势力。而朱元璋正是抓住了这个有利的时机，加紧扩充地盘，壮大实力，最后终于成为一统天下的主宰者。

世上处处充满竞争，官场有竞争，情场有竞争，职场有竞争，商场有竞争。任何竞争都需要勇气，但更需要策略。年轻人涉世一定要记得话不可说得太满、太过，保持一颗平常心，不说大话，为人低调。

在你得意之时，不能想怎样说话就怎样说话，不然你会无法注意到那些失意人的目光，没有看见那些妒忌的眼神。也许你正在沾沾自喜的时候，他人已经想好办法暗算你了！而且，话说得太满，如果你无法做得像你说的那么好，别人就会对你产生非常不好的印象。不要觉得这样的事情不会发生，其实生活中这样的事情从来就没有中断过。

妒忌是人性中普遍存在的弱点。只是高尚的人能将这种妒忌化为前进的动力，而大多世俗之人就会将它化为仇恨，甚至向你放冷箭，或是给你的道路设置障碍等。所谓害人之心不可有，防人之心不可无。为了避免这些不必要的伤害，年轻人首先就不要将自己放在风口浪尖上，尽量说话低调一些。

年轻人初涉世事，一定要记得话不可说得太满、太过，要保持一颗平常心，不说大话，低调做人，避免将自己置于风口浪尖之上，成为众矢之的。

不要在第一次约会的时候就要求接吻

法国著名职业选择研究家巴乐肯指出："不论是一位医生、会计、律师、舞蹈教师还是银行职员，你的一生成败大部分依赖于你向别人推销自己潜能的能力。有些人天生懂得怎样有效地推销自己，并能从一开始就给人们一种良好的印象，这完全是因为他们使用了一点额外的智力，我们姑且称之为'推销潜能意识'。"

那么，如何进行"潜能推销"呢？答案很简单，不要在第一次约会的时候就要求接吻。人际交往是一件很微妙的事情，防人之心到处有，人们通常将注意力高度集中在对方第一句话上，要是这句话有损害他们利益的苗头，他们就会在心里给对方贴上"危险品，勿近"的标签。所以，在我们怀着某种目的接近目标物的时候，第一句千万要顾左右而言他，不能在第一句话中就暴露出我们的目的。

一位女主人打算在她休假期间招聘一名临时管家来看管她的豪华的住宅。许多女孩子上门来竞聘得到这份工作，但是女主人却在众多求职者中选中了一位其貌不扬的姑娘，因为她一进门便惊讶地说道；"住在这间屋子的人一定是非常有品位的人！"女主人听了这句恭维的话异常高兴，也不再多问那个女孩子的性格，便决定雇用了她。

正是这个其貌不扬的女孩在与雇主第一次见面的时候以赞扬代替了关于这份工作的询问，才赢得了雇主的好感。

每当夏季销售旺季，某某公司都需要增添销售员，待遇从优。一个男孩子要求做销售员，经理看他瘦瘦小小的样子，只答应让他试干一天。一天未到，经理便拍板决定留用了他。因为他干完本职工作以后，还做了些份外的工作，而这些分外工作恰恰表现出了他的潜能。他对一位来购物的阔太太说："太太，我想应当替您把牛油和肥皂分开包装才好。"那位太太听了这话十分高兴。随后，他又抱着一大堆的货物送到那位太太的汽车上，问道："把这些东西放到您的车里可以吗？"他扶那位太太上了汽车之后，又说了一句："感谢您的惠顾！"经理看到了这些场面，从而认定这位小伙子一定是把好手。

一个面包房里的年轻女店员，尽管每天只是替人做包装点心面包的无聊工作，但是她的做法却与众不同。她对一位来买面包的先生说："我把这个奶油巧克力点心替您另外装起来吧，您小心拿着，以免脆的巧克力被压坏。"说完对先生微微一笑，他也还她一笑。她所售出的不仅是奶油点心，她连自己的潜能也充分销售了出去。

在第一次约会的时候要是我们按耐不住接吻的冲动，那么我们可以针对对方的唇做一些功夫。这也是一种迂回的艺术。在擦皮鞋这个行业上也有迂回表现的艺术。某一天，有个人在一排擦皮鞋的小孩面前急匆匆地走过，其中一个孩子喊到："先生，今天是星期日，擦擦鞋油会更有利于您的约会，只需要一元钱。"特别提出星期日来擦亮皮鞋能让人精神焕发的去约会，这说明这个小孩子有招揽顾客的潜能。小孩子招揽顾客擦皮鞋的时间极短，匆匆的行人没有时间听他那些废话。但是小孩巧妙的将顾客的鞋子和星期日这样一个美好的字眼联系起来。顾客听在心里，马上就会产生"是啊，今天是星期日啊，为什么不好好享受一下这个日子，让自己帅气的去和佳人约会呢？"帅气的人必须有一双帅气的鞋子，于是，他们就成了擦皮鞋小孩的顾客。

那么，我们要如何迂回推销自己呢?

第一、肯定自己的价值，不断努力。

通常情况下，困境会伤害一个人的自信心，从而使他更难以应付危机。凡是能肯定自己价值的人，遇到困境时都不大会觉得自己无能为力，反而更能激情澎湃的影响事情的演变和寻找解决的途径。

第二，找到老板和顾客的需求点，说在点上。

从以上的例子我们不难看出，成功取得Offer的人都是不呆板的应聘者。她（他）们善于抓住老板和顾客最关心的那个点并作出相应的反应。这种反应无疑是老板和顾客所乐意见到的。每个人都有“说在点上”的潜能，所以，只要善于挖掘出自己在“说”上的潜能，就能在迂回推销自己的道路上无往不胜。在适当的环境下，在为对方的需求点做准备的时候，切记宁愿准备多一点，也不能少半点。

当你真正的做到了以上两个方面之后，你会发现发挥你的潜能并不是想象中的那么触手不可及。有了潜能，我们还要将自己的潜能成功的推销给别人，让别人看到你的光芒，让你的光芒闪亮在你的人生路上并助你成功。

作为一名刚刚步入社会的新鲜人，在我们有了新的想法，发现了改变的机会，并为之研究了最佳策略、采取了相应行动之后，我们可能仍然会遇到这样那样的障碍。

我们如何处理这些障碍，在很大程度上将决定我们的成功与否，决定我们究竟是只懂得提出问题和设想的人，还是能解决问题、做出行动的人。那些积极主动、勇敢执着的人，对自己的目标有坚定的信仰和昂扬的激情，这会驱使他们勇往直前，排除任何障碍或者挫折，去实现自己的理想。他们永远不会放弃他们真正追求的东西。

美国著名电台播音员槲莉?拉斐尔在她的三十多年职业生涯中，曾先后被辞退过17次，可她没有因此另谋他职，而是一直坚持着这个职业。每次被辞退后，她都放眼更高处，确立更远大的目标。

1982年，她刚来到纽约，一家广播公司让她主持一个政治类节目。虽然她对政治一窍不通，为了不失去这份喜欢的工作，于是她拼命补习政治知识。1982年夏天，她主持的节目终于开通了。她的主持技巧娴熟，言谈发人深省，并积极鼓励听众给她打电话，参与讨论国家的政治活动，包括各州州长和总统大选。这在美国的电台播音史上是一种全新的尝试。

但是，她的职业生涯不仅不是一帆风顺，而且可以用饱受打击来形容。但是，每一次被解雇她都坚持住了自己的理想，她从不退缩，勇敢的发挥自己的潜能，在一个又一个自己从没涉足过的电台播音领域开辟新天地。

她如今已经是美国著名的电视节目主持人，并先后两次获得全美主持大奖，每天全美大约有800万观众收看她主持的电视节目。

榭莉·拉斐尔在总结自己的成功经验时说："我被人辞退了17次，本来很有可能被这些遭遇吓退，做不成我想做的事情。但是，我并没有放弃自己的追求，一直坚持到最后。所以，今天我能幸运地继续从事我所热爱的工作。"

其实，很多人往往都能在事业初期充满高昂的工作热情，保持旺盛的斗志。在这个阶段，普通人与杰出人士的差别并不大。但往往到最后那一刻，勇敢的人与懈怠者便显示出了不同。前者能克服各种困难坚持到最后，而后者则会丧失信心，放弃了努力，怨天尤人。不要害怕困难、挫折，大胆的将你的能力、你的潜力推销出去，上帝总是垂青那些异乎寻常的勇者。面临巨大的挫折，只有坚持下去，加倍努力，才能冲破重重困难，最终把事情办成。畏缩不前、不敢坚持、逃避困难是懦夫的作为，这样的人终其一生也不会得到命运之神的垂青。

总之，不要在第一次约会的时候就要求接吻，实际上说的是一种曲线思维。在职场中，我们需要的是更多的曲线思维，而不是直线思维。这个社会中，那种只懂得直线思维的人很多，他们往往只是听到了老板的表面意思，而没有进一步地去思考老板为什么会提问这种问题、提这种问题的理由是什么等等，而这也造成了他们在职场不得志的结果。

一根筋的想法总是让人将其脑中的一切看透。而没有了吸引别人的想法，又怎么能在瞬息万变的职场中赢得胜利呢？这也正是直线思维适用于生活，曲线思维适用于职场的原因。

我们要善于发现自己的潜能，有了潜能，我们还要将自己的潜能成功地推销给别人，让别人看到你的光芒，让你的光芒闪亮在你的人生路上并助你成功。

把握分寸，才算会说话

不同的场合应该使用不同的说话方式，

只有能做到审时度势、因势利导，

才有助于我们提高自己的沟通能力，

营造好人脉。

口气要温和，“硬邦邦”的话谁都不愿听

观察周围的人就会发现，不少人其实并没有什么特殊的本领，只是掌握了“言语温和”的基本素质，则其一生也是在幸福和成功之中度过。而又有不少人，虽然拥有一些出众的才能，可是脾气却很暴躁，语言也不温和，出口就让周围的人不开心，这样的人往往一生充满坎坷，家庭不幸福，人际关系也恶劣。

职场中，大多数人都需要通过工作来实现自己的人生价值，并且让自己的生活过得更好。所以在说话的时候一定要注意，不要硬邦邦的，否则不仅仅会让自己陷入孤立，更会断送自己的前程。

李莉在一家大公司上班。她是个心直口快的人，所谓的含蓄婉转，她向来不会，所以经常得罪同事。

一次，饮水机没水了，她对同事张斌说：“帮个忙换桶水吧，就你闲着。”

张斌一听不高兴了：“什么就我闲着？我正在考虑我的策划方案呢！”

李莉碰了一鼻子的灰。

李莉跑到销售部，说：“黄经理，你给我把这月的市场调查小结写一下吧！”

黄经理头也没抬，冷冷地说：“刚当上管理员，说话就是不一样。”显然黄经理生气了。

李莉想，我也没说什么呀！她顺手拿起打印机旁的一份《客户拜访表》，问：“这是谁制的表？”黄经理的助理夺过表格说：“你什么意思！”

当天，几个同事在一起聊天，让李莉说一说对公司管理的看法。于是李莉竹筒倒豆子，“噼里啪啦”地一吐为快：“我认为目前我们公司的管理非常混乱，有令不行、有禁不止，简直就是一个乡镇企业。”

大家不爱听了，认为李莉话里有话，似乎同事们都是坏人，就她一个人是好人。

一会儿，同事小王问李莉，某件事情可不可以拖一天。因为手头有更重要的事在做。

“有这么做事情的吗？”李莉声色俱厉地说，“你别找理由了，这可是你分内的事，反正又不是给我做，你看着办！”

小王也不甘示弱，说：“喂，请注意你的言辞！你以为你是谁呀？我就是没时间！”

李莉气得发抖，自言自语说：“我怎么了？本来就是这么回事嘛。我不过实话实说。”

李莉正在生气的时候，副总走进来对她说：“你知不知道，大家都私下里叫你‘西伯利亚寒流’呢？”

李莉笑了：“为什么呀？”

“因为你说话总是冷冰冰、硬邦邦的，不注意措辞，经常令人难堪。”副总说道。

李莉一下子把头低下了，她认识到自己没有修炼好说话功夫，难怪大家都不喜欢自己。这之前，她还以为是自己工作出众，同事们忌妒自己呢。原来是自己“吃了火药”，说话太冲，杀伤力太大。

在与同事交往的过程中，聪明人从不会把话说得硬邦邦的，更不会说死、说绝，说得自己毫无退路可走。例如：“我永远不会做你搞砸的那些蠢事。”“谁像你那么不开窍，如果是我，几分钟就做完了。”如此种种，谁听了都不会痛快。

在人际沟通中，无论是在职场中还是在生活中，我们都要对别人说好话。说好话的学问可不小。将心比心，每天你都要听到别人对你说的话。什么是好听的话，什么是你不爱听的话？哪些话让你愉悦地接受，哪些话让你怀疑说话者的品位，哪些话令你反感甚至产生抵触情绪？你心里很清楚，你肯定不喜欢那些硬邦邦的言辞。

我们和他人交流时，为了避免自己说话硬邦邦的，可以从以下几个方面努力，并在现实中努力做好。

1.在说话的过程中，语气要平和。一个人身体的行为和嘴里所说的语言实际上都是一个人心灵的外现，有什么样的心灵，就有什么样的行为和语言。心灵温和者，行为和语言亦温和；心灵粗暴者，行为和语言亦粗暴。一个人要具备“言语温和”的禀性，必须首先培养“温和”与“谨慎”的心灵。当我们的心灵变得温和时，言语自然就会温和，语气就会平和；当我们的心灵变得谨慎而细致时，说话自然就会把握分寸，使人感到温暖而体贴。

2.在说话的过程中，言语要恰当。不管什么时候都要记住“说者无心，听者有意”。作为一个成熟、得体的职业人，你在与人交谈时必须注意你的措辞。在社交场合，不能用不文明的词语、粗俗的词语，表达自己意思的时候，尽量多用中性词或褒义词。阐述意见或提出批评要委婉地表达，切忌直接否定或嘲讽。注意语言的细节，比如“请你……”就比“你给我……”好得多。

3.在说话的过程中，语速要适中。过快的语速容易让人产生压迫感、强制感，或是让人不知所云；过慢的语速要么使人着急，要么让人昏昏欲睡。语速适中不但有助于意思的表达和对方的理解，还可以使交流的对方产生舒适感、愉悦感，从而有助于拉近与交谈者之间的心理距离。

4.在说话的过程中，语调要明朗。很多人不注意说话时的语调，不是音调平平，就是任情绪波动，随心所欲。其实，语调对语言的效果影响非常大。明快的语调和有气无力的语调，哪个更让人容易接受？这当然是显而易见的。语调反映了一个人的性格特点，语调高昂的人一定是自信、开朗的人。

不管什么时候，与对方说话，千万不要硬邦邦的。有句话说得好："你希望别人怎样对待你，你就应该怎样对待别人。"如果你这样对待别人，别人也会以这样的方式和你说话。真正有远见的人不仅要在与对方一点一滴的日常交往中为自己积累最大限度的"人缘"，同时也会给对方留有相当大的回旋余地。这不仅是说话的技巧，也是为人处世的技巧。

事实上，心灵的温和是一种境界，是内心快乐的代名词，也是内心宽容和善良的代名词。当我们的心灵变得温和时，言语口气自然就会温和；当我们的心灵变得谨慎而细致时，说话自然就会把握分寸，使人感到温暖而体贴。

该说的时候一定要“会说”

人生中的每件事，都需要用语言来推动。而在关键时刻，哪怕是一个字、一句话，都可能影响你事业的发展，改变你在生活中的境遇，成为你人生中重要的转折点。

拥有良好的口才，说服能力强的人，必然是有心眼且有能力的人物。出色的口才是人人梦寐以求的一门技术，也是一门艺术。政治家要用这门技术阐述自己的政见，企业家需要依靠这门技术进行管理和谈判，律师要运用这门技术雄辩，老师、推销员、一般的员工……谁都期望具备这门技术。特别是在生活的关键时刻，一定要能够将自己的想法和意见适当地表达出来。

志刚进公司时，大家以为他是个沉默寡言的人，只知道埋头工作。年底，小组进行工作调整。开会时，组长把自己的方案说完后，问大家的意见。大家都点头说没有意见，只有志刚一个人没表态。组长以为他又像往常那样没有意见，刚要说如果大家没意见就下通知了。这时候，志刚说：“组长，我觉得这笔资金可以用于更好的投资方向，我调查了一下市场的需求状况，如果现在就转向的话，我们的损失会非常大，这是我写的调查材料，你看一下。”

组长看了一下，材料非常详细，有理有据，这样有说服力的资料怎么能驳回呢。组长笑了一下说：“我看了他写的材料，非常好，对我们公司的发展前景非常有利，所以采纳他的意见。”

那次会议后，同事中再也没有人说志刚是个沉默寡言的闷葫芦了。关键时刻的发言才能达到理想的效果，才能更加受到重视。有心眼的人平时不会多言，他们懂得把握机会，选择合适的时机以最完美的方式表达自己的意见，这时候才会达到最佳的效果。

在关键时刻或是处于劣势时，明智的人往往能够通过晓之以理、动之以情的说服方法，三言两语便能说中问题的要害以及不按他的意见办可能引发的后果，既有情有理，又令人信服，从而更好地达到自己的目的。

相传，东汉末年，董卓立刘协为帝后，自封为相国，篡位之心尽人皆知。司徒王允等众多忠于汉室的大臣都想设法除掉董卓，却又无计可施。于是，王允便以庆祝生日为名，邀请群臣到家中商讨诛杀董卓的计策。

王允对在座的众位大臣说："今日其实并不是我的生日，我是恐怕董卓起疑心，所以才以生日为借口邀大家前来议事。董卓早晚会篡夺皇位，国将不国。大汉江山即将亡于董卓之手。"王允边说边哭，众人也万分感叹。

不请自到的骁骑校尉曹操一边大笑，一边高声说："满朝公卿，从今夜哭到明日，明日再哭到夜里，这样哭就能哭死董卓吗？"

曹操接着说："我早有心除掉董卓，近来一直在奉承、交好他，就是为了找个机会除掉他。听说司徒你有七星宝刀一口，如果借给我前去相府刺杀董卓，虽死无憾！"

次日，曹操带着宝刀来到董卓府，董卓正和吕布在一起。一见曹操便问为何来得如此晚。曹操回答说："我乘的马体力不如从前，行动比较迟缓。"

董卓立即让吕布新选一匹马送给曹操。吕布走后，房内只有曹操与董卓两个人。董卓因身体肥胖，不能久坐，于是躺在床上小睡，并掉转身体背对着曹操。

曹操见状抽出宝刀欲杀董贼。不料董卓从镜中看到曹操在背后拔刀，急忙回身问道："你干什么？"恰在此时，吕布已牵马来到房间外。眼见机会逝去，曹操心中暗暗发慌，他灵机一动，便镇静地双手举刀跪地说：“今有宝刀一口，不敢独自留用，想献给恩相。”董卓一看，果然是一把宝刀。这时，吕布也走进房间，董卓便将宝刀递给吕布收起。然后，董卓带曹操走出房间看马，曹操趁机要求试骑一下。董卓一点儿也没有对曹操产生怀疑，便不假思索地把马交给曹操。

吕布见曹操乘马远去. 对董卓说：“刚才曹操形迹可疑，他好像是想行刺恩相，却被发现，便佯装献刀。”如此一说，董卓也觉得曹操刚才的举动值得怀疑。

董卓的谋士李儒走过来，听到董卓介绍曹操的所作所为，便说：“曹操刚才一定是想行刺您。所以，他见行动没有成功，才心虚逃跑。”

董卓大怒，便下令遍行文告，画影绘形，悬赏通缉曹操。可为时已晚，曹操早已溜之大吉。

曹操是一个高明的刺客。在行动前，他不仅想到了成功，而且也想到失败后怎样保全自己。七星宝刀既可以作为刺杀董卓的利器，亦可以作为进献的礼物。最关键的一点是曹操的随机应变，在紧要关头他灵活机智，不慌不乱，能及时采取应对之策，稳住了董卓与吕布，为自己赢得了宝贵的逃跑时间，使自己得以保全性命。由此可见，曹操是一个知道见机行事的英雄，而不是一个只知舍生取义的莽汉。

事情的成败，存在许多因素，往往不受人的主观所控制，但会说话的人懂得把握住最有利的条件和机会，选择最恰当的方式，在力所能及的范围内让对方转变态度，为自己创造有利的机会。

在交谈当中，有的时候需要苦口婆心地讲道理，有的时候却不需长篇大论。关键之处点到为止即可。正所谓：言简意赅。

言谈中切中要点是说话的技巧，既表达了自己的观点，又不至于让人烦。

某县地税局，连年完不成税收任务，仅上半年全县就欠税八百五十多万元。七月，牛局长临危受命，刚一上任即展开了深入细致的调查与摸底工作。

稍后，牛局长召集全县十九个纳税大户举行座谈会。牛局长开宗明义地说：“我到这儿任地税局长，一不图富，二不图钱，就图个痛痛快快地干工作。我初来乍到，能不能踢好头三脚，就要看各位买不买账。一句话，政策以外的钱我一分不收，该纳的税一个子儿也不能少，而且一天也不能再拖，谁觉得为难，自己看着办，下周的这个时间我要结果。”

很快，全县所欠的税款很快都到位了。

若要想使所说的话达到预期的目的，除了首先要经过认真的思考之外，还要尽可能地将话说到点子上，否则就很可能造成一些不必要的麻烦。

说话不同于用笔写文章。文章写完之后，可以字斟句酌，进行修改；而说话则不同，泼出去的水，是无论如何也收不回来的。所以，要紧扣一个中心、一个点，才能有针对性。把要说的话说好了、说巧了，你的交际能力就能极大地提高，你的人生之路才会越来越宽。

很多人说话不经过大脑，随心所欲地想到什么就说什么，因此总是得罪人。尽管他们并不是有意地，但造成的后果却很糟糕。更让人遗憾的是，有时他们是出于好心，但把话说出来之后，却引起别人的反感。他们多是不拘小节的人，空有热心肠，但不一定能得到好的回报。对这些人来说，在说话之前，十分有必要好好地想一想，深思熟虑之后再开口，这样才能把话说好。同时，我们身边的人有很多，千万不能只将说话的目标对准其中的某个或者某些人，而忽视了其他的绝大多数人，必须做到一视同仁、平等对待，这样才能把话说得更加得体，也才能得到大家的尊重与欢迎。

学会把话说得滴水不漏，有很大的妙用，在遇到答所不能答或者是进退失据的窘境的时候，可以从容地进退自如。

南齐时，有个著名书法家叫王僧虔，是书圣王羲之的四世族孙，他的行书和楷书都继承祖法，造诣颇深。当时，太祖萧道成也擅长书法，而且自命不凡，不乐意自己的书法逊色于臣子。

有一天，萧道成提出要与王僧虔比比书法，看究竟谁的造诣更深。写完，萧道成问王僧虔："你说说，咱俩的书法谁第一，谁第二？"王僧虔既不愿压低自己，又不愿得罪皇帝。说道："臣的书法，臣下中第一；陛下的书法，在皇帝中第一。"太祖听后，一笑了之。

一般人可能认为，说服别人，只需要头脑聪明、灵活，准备充分，给出的利益有吸引力就可以。事实上，说服别人，这些方面固然重要，但激情对于说服者来说则更加重要。该你说的时候，你不仅要说，还一定要会说。激情澎湃地说，无疑可以让对方不知不觉成为你的盟友。

在与人说话的过程中，那些善于在适当的场合、时机说出适当的话的人，往往能够比较顺利地达到自己的目的。反之，说一些不适宜场合情景的话，往往就会适得其反了。

人们在该说话的时候一定要"会说"，而且在不同的场合应该使用不同的说话方式，只有能做到审时度势、因势利导，才有助于我们提高自己的沟通能力，营造好人脉。

同样的意思要看你怎么说

《孙子兵法》有云：用兵之道，攻心为上，攻城为下；心战为上，兵战为下。用兵的最高境界则是“兵不顿而利可全”“不战而屈人之兵”，即通过攻心而取胜，从对手的心理需要出发，软化对方，增强自己，进而消除分歧，达到自己的目标。

同样道理，说服对方，就应该多把注意力放在对方关心的事情上，了解对方的心意，尽可能地在心理上与对方站在同一个角度上。

有位夫人想要买一辆白色的雪佛莱轿车，可是，一位推销员看见她开来的是一部非常破旧的车，以为她一定买不起什么好车，于是就找个借口走开了。

夫人正准备离开，另一个推销员对她说：“夫人，请您先喝杯水，休息一下，外面的天气太热。”夫人很感动，于是就坐下来和这个推销员聊天，她告诉这个推销员，她打算买一辆白色的雪佛莱送给自己，就像她姐姐的那辆一样。可刚去的一家公司的推销员很不认真，居然让她在展厅等了两个小时。所以她就来这里看看，可是没想到这里的推销员也很忙。她还说这是送给自己的生日礼物：“今天是我50岁的生日。”

“生日快乐！夫人。”这个推销员一边说，一边请她走进展厅去随便看看，接着出去向同事交代了一下，然后回来对她说：“夫人，您喜欢白色，既然您现在有时间，我给您介绍一下我们的最新款轿车，也是白色的。”

两个人正谈着的时候，有人送来了一打玫瑰—这是推销员刚才特地为夫人订的，推销员接过花，送给了这位夫人，并说："祝您永远美丽，尊敬的夫人。"

夫人非常感动地说："已经很久没有人给我送花了。其实，我只是想买一部白色的车而已。只不过姐姐的是雪佛莱，所以我也想买雪佛莱。现在想想，不买雪佛莱也是可以的。"

最后，她买走了推销员向她建议的那部车子，并开了一张全额的支票。其实自始至终，这个推销员的话语中，都没有劝她放弃雪佛莱，而转买其他品牌的车。她只是为在这里受到的礼遇而放弃了原来的打算，转而选择了推销员热情介绍的产品。

推销员虽然意在卖车，但他不只是卖车，而是考虑到了夫人的心理感受。当你理解别人、尊重别人、爱戴别人的时候，人家也会给你足够的回报。同样的意思的确要看你怎么表达。

有两个人去教堂做礼拜。祈祷的过程中，忽然烟瘾犯了，可是两人都知道教堂里不能吸烟，就只好忍着。

终于其中一个忍不住了，问牧师："我可以在祈祷时吸烟吗？"

结果，他的请求遭到了牧师的严厉斥责。

又过了一会儿，他的朋友问："我可以在吸烟时祈祷吗？"

牧师一听，说："当然！你真是什么时候都记得上帝啊！"

就这样，他舒服地吸起了烟，而他的朋友则只能眼巴巴地看着。

其实，这两个人发问的目的没什么区别，只是说话的方式不同，就得到了截然不同的结果。所以，你要想获得别人的认可，就必须运用自己的智慧。而事实上，也只有体现智慧的表达技巧，才能取得预期的说服效果。

按理说，待人处世应该做到坦诚，不说假话，直来直去。在现实中，人们口头上也一向把直来直去的性格作为一种美德，加以赞赏。

但实际上，很多人的语言含蓄，意在言外。换句话说，就是嘴上明说喜欢“直来直去”，内心却并不喜欢“直来直去”。当对方回答“不”的时候，未必真的是“不”，很可能只是碍于面子，有时，用第一次拒绝来拿拿架子、摆摆谱，或是客套的礼貌性回答。而第二次再恳求时，对方就极有可能同意了。反过来说，当对方说“好”的时候，也未必就表示同意，或许只是不愿在面子上给你难堪而已。

汉高祖刘邦在韩信被诛后问吕后：“韩信临死前都说过什么话？”吕后说：“韩信说：‘悔恨当初没有采纳手下的计策，他才落得今天这个下场。’”于是，高祖下令逮捕蒯通。高祖问他：“是你叫淮阴侯谋反的吗？”蒯通说道：“是的，我一再告诉过他。那小子不用我的策略，所以遭到灭族的大祸。假若那小子采纳了我的计策，陛下怎么能够抓住他而且诛灭他呢？”高祖恼怒地说：“烹了他！”蒯通说：“唉，烹我冤枉啊！”高祖说：“你教韩信反叛我，有什么冤枉的？”蒯通回答：“秦朝的法纪过于严苛，山东大乱。诸侯一齐起事，英雄豪杰汇集起来。秦国失掉了鹿(帝位)，天下人一起追逐它。当时，我眼中唯独有韩信，没有陛下呀。再说那时天下想干陛下所干之事的人很多，他们都没有能如愿，只是因为力量不够罢了，对这些人又怎么能全都烹掉？”高祖后来免了他的罪。

皇帝是亿万人之上的主宰，臣子在他面前说话，一不小心就可能丢官，甚至身首异处。因此，聪明的臣僚总是会看准对象，直话不直说，说话懂得拐弯儿，委婉地表达出自己的意思。

现实中，太多人说话不会拐弯，一味地直来直去，其结果只能是引起对方的不快。

小强和李兰是同学，还是同桌。上数学课时，老师布置了二道数学题。小强很快就做完了，到下课时，李兰还在为最后一道题而苦苦思索。这时，小强直言直语道：“还没做完，你还不如差等生王斌呢，他都解对了。来，我帮你解答！”李兰听后一脸不高兴，愤愤不平地说道：“你明明就是瞧不起我，还和我说什么话？我不用你帮忙。”小强感到很扫兴，心想自己好心好意，却换来如此对待。岂不知，他犯了直话直说的忌讳，伤了李兰的自尊心。

平时与人交往，要学会说话“绕个弯儿”，这样才不至于冲撞别人、得罪别人，才会讨得别人的喜欢。千万不要什么话都直说，因为每个人都有自尊，需要面子。直来直去，往往就是不给对方面子，使对方心中不快以致造成双方关系的破裂，甚至反目为仇。

一言可以值千金，一言也能够伤自身。一句委婉含蓄的话，如同一杯醇香的清茶，沁人心脾；一句毫无顾忌的话，如同一把“利刃”，会刺伤别人的心。

每个人都有值得自己向别人夸耀的长处，但是同样人人都有自己的短处。在与他人交谈时，人人都喜欢对方只谈论自己的长处，而少涉及甚至不涉及自己的短处。这也是人之常情。

金先生因为公司的业务问题，准备第二天与本市最有钱的大老板南先生谈判。这次谈判对金先生的公司有着至关重要的意义。如果谈判成功，可以获得一个年利润约8000万元的订单，而金先生同时也可以晋升为本公司的副总经理。

然而，南老板是个特别精明的生意人。因为是白手起家，所以他非常珍惜现在获得的一切，虽然不能说他吝啬，但想与他做成生意却不是件容易的事。

正因为如此，其他公司所派出的谈判代表已经与南先生交涉了好多次，都没有获得想要的结果。为此，金先生做了大量的准备。他发现南先生是白手起家，所以生活节俭，但又最讨厌人家说他小气。他还知道，南先生最奢侈的爱好就是和几个好朋友一起打打高尔夫，开着新买的宝马车去兜风。

这天，当金先生走进南老板的公司时，看到了其他公司的谈判代表都愁眉苦脸地坐在大厅里。金先生知道其他公司可能和南老板谈崩了。金先生走进南老板的办公室后，南老板果然黑着脸坐在那里。

深吸了一口气之后，金先生问："南老板，听说你新买的宝马车非常漂亮，并且性能超级好。"

"你怎么知道？"

"很容易啊。因为我昨天在上班的路上看见你开着车去兜风了，比我的车强多了。我当时都呆住了。"

"没错，我第一次看到这车就被迷住了。开起来真的很爽！"

"如果有机会，能不能让我坐您的车一块儿出去兜兜风？"

"好啊！我的技术可是很好的。"南老板满口答应。

就这样，南老板的坏情绪被金先生的三言两语转变了过来，而接下来的谈判根本就没有费多大的事。甚至在金先生离开时，南先生还叮嘱他："不要忘了，有时间我们一块儿出去兜兜风啊。"

在这个案例中，金先生的竞争对手之所以很长时间不能拿下这笔生意，就是因为他们总是下意识地认为南老板"抠门"。一家大公司的老板，怎么能够在乎这点儿小钱！然而，这恰恰是南老板心中最忌讳的事情。

其实同样的意思，可以有一百种说法，我们说话时为什么偏偏要用对方最不乐意听的那种去说呢？所以，在与对方交谈时，在不损及自己的根本利益，伤及自己底线的情况下，我们不妨扬长避短，努力让对方高兴起来，这样肯定有助于你达到最终目的。

解放战争时，中央警卫团刚刚划归中央军委领导时，许多警卫团的战士都感觉有点儿压抑，因为他们都是从一线战斗部队中抽调过来的。此时，战场上特别需要人，可是自己却被安排到没有硝烟的大后方，所以很多战士都闹别扭，总是觉得没有在战场上奋勇杀敌痛快。于是一些警卫团的同志竟然要求“释放”自己，执意要返回战场。

那时，警卫团归叶剑英领导。了解到大家的这些心态，他觉得这样下去，战士们肯定不能照顾好中央首长的饮食起居、做好保卫工作。于是，就决定对他们做思想工作。

有一天，叶剑英专门把大家召集到一起开会。他用大嗓门说：“同志们，我认为中央警卫团应该换个名字，不叫警卫团，而改叫‘钢盔团’。”

起初，大家本不太想认真听叶剑英的劝告，认为无非就是叫大家“服从安排，安心工作”之类的套话。

可是，叶剑英却说要给中央警卫团改名字，这个葫芦里卖的是什么药？大家顿时就来精神了，想听他把下文说完。

看到大家精神振奋起来，叶剑英继续说：“大家都知道钢盔的作用吧？钢盔是保护脑袋的，而我们中央警卫团也是保护脑袋的，只不过是保护党的脑袋。所以，我们是不是该叫‘钢盔团’？”

短短几句话，叶剑英就把警卫团的战士们说服了，再没有人闹情绪，再没有人闹着上战场，而是下定决心用自己的生命去保护中央首长的安全。

如果叶剑英在说服警卫团的战士时，不是用“中央警卫团应该换个名字……”开头，而是用政治理论去说服大家的话，效果一定不会很理想。他用一句非常奇特的开场白“人没有脑袋行不行”激起战士们的好奇心，“逼迫”着战士们去听他的下文。接着，叶剑英接二连三地提出的几个问题，步步紧逼，并最终说服了战士们。

想要表达某种意思，一种说法不中听，会引起别人的反感甚至厌烦，而用另一种别人可以接受的说法说出来就会使人高兴地接受。在把话说出口之前，站在别人的角度上考虑考虑这样说是否合适，是否会让人家接纳。尊重

别人的感受，别人才会更加尊重你。

我们在与人交谈时，在不损及自己的根本利益、伤及自己的底线情况下，不妨努力让对方高兴起来，这样必定有助于你达到最终目的。

说话要恰到好处，过犹不及

说话需要技巧，必须句句说到点子上，处处说到人的心坎里。说话不在于多而在于准，在于精；不看你说什么，而是看你怎么说。

有过蒸米饭经验的人一定有这种感觉：水放多了，蒸出来的米饭就会黏黏糊糊的，不好吃；而水放少的话，米饭就会很硬，难以下咽。总之，水放多或者水放少都不行，只有不多不少、恰到好处蒸出来的米饭才会好吃。而这个点却是最难把握的。

其实，无论做什么事情，恰到好处都是个非常重要的原则。我们与他人交往时也一样，喋喋不休地把话说多了，对方嫌你烦、啰嗦。正如先哲教导我们的：过犹不及。而只言片语呢，则是未到火候，于对方又无关痛痒，也起不到预期的作用。所以说，凡事只有把握好度，才是最好的。

文坛巨匠茅盾曾经说过："与其啰嗦而长，毋宁精练而短。"唐朝刘禹锡也早就有诗云："千淘万漉虽辛苦，吹尽狂沙始到金。"这些都说明了说话精练的重要性。

战国时期，齐国的晏子是个绝顶聪明的人物。晏子使楚、二桃杀三士等等都是由他创造的。正是因为有这样正直善谏的臣子，齐景公才过了不少的太平日子。然而，晏子还是先景公而去了。晏子死后，齐国再没有出现过这样的人物。

一次，景公和大臣们喝酒射箭。景公明明射到了靶心外，可是大臣们还异口同声地称赞他。这让景公好不郁闷，于是把弓箭一丢，长吁短叹起来。这时，大臣弦章晋见。看到景公阴沉着脸，忙问发生了什么事情。

景公说："自从晏子离我而去以后，我再也没有听到过臣下们对我的批评。虽然是一国之君，可是我也不至于没有过失啊！刚才射出去的箭明明脱靶了，可是大家却还说好。唉！"

弦章一听，说道："这些都是大臣们的过错。不像晏子那样有较高的素质，所以看不到你的缺点；另外大臣们的勇气不足，不敢冒犯你。但是，你不一样。我听说外边人看到你喜欢穿什么衣服，就自己买回去穿；听说你喜欢吃什么东西，就自己买回去吃，而不管这些衣服、食物适不适合他们自己。天下有种虫子叫'尺'，它吃什么颜色的食物就会变成什么颜色。所以像你这样的地位和身份，自然会得到他们的奉承！"

弦章的话让齐景公终于醒悟了，就是因为自己喜欢听好话，大臣们才会这样不顾事实地奉承自己。而自己呢，就是因为听惯了他们的奉承话，听不到一点儿反对的声音。如果自己能够对奉承话深恶痛绝的话，自然会有许多大臣向自己进谏。

在弦章含蓄地"批评"景公喜欢听奉承话时，就做到了恰到好处，点到为止。他并没有直接批评景公，而是借用衣服食物和虫子"尺"来说事。但是，聪明的景公却已经深深领悟到其中的深意了。如果弦章再进一步说"就是因为你喜欢听好话，才没有人进谏的"，景公一定会雷霆大怒。那样弦章就小命不保了。

所以，我们想让对方接受自己的意见时，一定要注意不能滔滔不绝，让对方都没有思考或者辩解的余地。在运用批评、赞美的手段让对方接受你的意见时，一定要记得恰到好处、点到为止这个原则。

言之有度，是指在人与人交谈中要注意分寸，尽量言语真诚、委婉，该说则说，不该说则一句都不能说。说话的程度应根据对象和交际目标而定。假如赞美对方才华出众、聪明能干，而这些恰恰是他的不足之处，对方的心理如何，就可想而知了。

若要想使自己说出的话说到冷暖之处、要害之处，就必须注意言语分寸的把握，并注意恰当的说话时机。

清朝的时候有对父子冬天在集市上卖夜壶。父亲在南街卖，儿子在北街卖。没过多长时间，儿子的地摊前围满了看壶的人，其中一个人看了一会儿说："这壶好是好，就是大了些。"儿子听后，脸上流露出烦躁和不满的神态接过话说道："大了好哇！装的尿多。"人们听后，觉得他讲话太不中听，便纷纷离去了。在南街摆地摊的父亲也碰到了顾客言说便壶大的情况。当听到一个老头喃喃自语地说"这便壶大了些"后，他态度温和地对老头说："便壶是大了些，可您仔细考虑一下，冬天夜长啊！"顾客们听后，都会意地点了点头，痛快地付钱买了夜壶。

父子俩同在一个集市上做同一种生意，结果儿子的夜壶一件没卖出，父亲却卖出了许多。儿子不注意说话方式，语言粗俗，使客人不悦。而父亲则是个高明的商人，他先赞同顾客的话，以温和的态度使自己与顾客间的距离拉近了。然后，又以说理的言辞"冬天夜长"相劝，这看似离题的话却颇有道理，其言外之意是：冬天天冷夜长，小解次数多且怕冷不愿意下床是很自然的，大夜壶正好派上用场。这种设身处地的善意提醒，顾客不难理解。卖者说得在理，听者乐意购买也就是很自然的了。

儿子的一句话砸了生意，父亲的一句话盘活了生意，这不正说明说话方式是何等重要吗？无论什么时候，说话都要讲究言辞得体、态度诚恳，表现出你的善意，才能够引起他人的注意，受到他人的欢迎。

恰当的说话时机主要是根据不同的情况选择不同的说话时机，尽力做到成事不说、糗事不提、既往不咎。成事不说就是对已经成定局、无法改变的事情不要评价，不要再无意义地给出自己的想法和建议，无论你认为这些建议和想法有多大的用处都要坚持不说的原则。在生活中，若在别人家吃饭，四个菜中只有一个好吃，你吃饭的时候会说那三个不好吃，还是说这一个好吃呢？一定是说这一个菜好吃，因为你说那三个菜不好吃也没有用了。再说，好不好吃人家和你一样清楚，为什么要说明呢？

既往不咎是指对已经发生的事就不要再去追究了。有些小事，过分地追究，可能伤害别人的面子和积极性，接下来的事情就不好做了。这个原则针对一些聪明人是适用的。你不追究，对方也知道自己错了，双方都心知肚明。但是对于一些没有自知之明的人，还是要经常敲打、提醒一下，让其意识到问题，否则对方不能得到提高。

对任何一件事情的描述，每个人都会有不同的表达方式。对说话方式的微妙差异，在说话时应该付出的热诚程度等，都是需要下一番功夫斟酌的。我们在与别人谈话的时候，始终要保持一种好的心情，才会赢得别人的好感。反之，以自命不凡、不可一世的态度，说话装模作样、装腔作势，将会使你得不偿失。

张之洞任湖广总督时，适逢新春佳节，抚军谭继洵倜为了讨好张之洞，便设宴招待他。不料席间谭继洵与张之洞因长江的宽度争论不下。谭继洵说长江宽五里三，张之洞则认为是七里二，两人各持己见，互不相让。眼见两人便要翻脸，席间谁也不敢出来相劝。

这时在座的江夏知县陈树屏说：“水涨七里二，水落五里三，制台、中丞说得都对。”这句话给两人解了围，张、谭大笑，赏了陈树屏20锭纹银。

陈树屏巧妙且得体的言词，既给两人台阶下又使双方都有面子。这种说法就充分考虑了大家的心理。

在人与人交往时要保持自信，但是自信不代表自我标榜。生活中有人却将自信变成自我吹嘘。遇到事情，事实只有十分之一，甚至连十分之一都不到，他们却凭借三寸不烂之舌把话说到十分。结果不仅不能让人相信，反而让人厌恶。有的人会说，吹嘘不好，谦虚总没错吧。谦虚一点儿是应该的，但过度谦虚也将如吹嘘一样难以让这个时代接受和理解。与人交往的时候，首先要表现出自信，对于个人能力、自我评价要实事求是，虽然不能过分吹嘘，也不能过谦。如果一个人不敢承认自己的个人能力，贬低自己，要么事实上他的能力就的确如此，要么便是虚伪做作。

总之，在与人沟通和交往时，过分客套、自我贬低和自吹自擂这些倾向都是不能接受的。说话办事应该要做到恰到好处、过犹不及。

说话需要技巧，必须句句说到点子上，恰到好处地表达自己的观点。在与人沟通和交往时，要言之有度，过分客套、自我贬低和自吹自擂都是不符合说话办事恰到好处的原则的。

埋头苦干怎比主动出击

埋头苦干曾经被作为勤恳、扎实的代名词。可是，时光流转。在这个竞争异常激烈的商品社会，埋头苦干已被人们看成做事死板、毫无前途的做法。主动出击是一股可怕的风，积极主动的人在做事情之前，都会做好充分的准备。主动容易给人一种错觉：如果对方准备不足的话，你的主动出击甚至会让他自动缴械，因为再战也无益；如果对方是个较怯懦的人，往往会因为你的主动出击而使他自乱阵脚。

主动出击可以给自己创造一个机会，让也许本不属于你的机会变成你的机会。“毛遂自荐”这个典故可以说是人尽皆知。通过这个故事我们更能切身体会到主动出击的重要性。

战国后期，毛遂虽然很有才华，可是却得不到主人平原君的赏识，这让他很是郁闷。因为平原君有几千个门客，大多能言善辩，有自己的一技之长，毛遂在其中只是默默无闻，毫无出奇之处。

可是，毛遂不甘心这样下去，决定主动出击，让平原君重用自己。正值秦国攻打赵国，秦军已经将都城邯郸包围，局势十分紧张。赵王无奈之下，只好派平原君向楚国求救。

平原君回到府中，开始在门客中选拔能人，希望能够说服楚王帮赵国解围。当毛遂知道此消息时，平原君已经挑好十九位合乎条件的门客，离需要的人数仅差一个。

于是，毛遂对平原君说："我愿意和你一起去楚国，帮你说服楚王出兵相救！"平原君一看，原来是从没干过大事，平日里默默无闻的毛遂，就婉拒道："毛遂，你到我这里已经三年了，都没有做出过惊天动地的事情来。时值国家大事，我不能拿你凑数。你应该听说过，一个真正有才能的人在世上，就好像锥子装在布袋里，它的尖梢很快就会穿破口袋钻出来，这样人们很快就能发现他。可是，我们从来不知道你有什么本事。"

毛遂听后，心平气和地辩道："那是因为你从来没有把我放进过你的口袋里呀！如果你给我一个机会，我就会像麦芒一样整个都露出来，而不是只出个头。"平原君一听，这话有道理，勉强同意了。

到了楚国后，平原君就立刻去拜见楚王，请求他出兵救赵。可是，楚王担心救赵国会得罪秦国，对自己不利，可是又不能明言，只好找借口推脱。因而，进展很不顺利，一直都没有结果。

这种情况下，和平原君一起去的门客都没有办法，只能干着急。毛遂想君上这样低声下气地和楚王谈判，也算给足楚王面子了。如果此时吓唬一下楚王，迫使他同意救赵，那样不仅可以解赵国之围，还能在诸国之间扬名。

于是，毛遂手提长剑，大踏步跨到楚王宝座前的台阶上，双眼决然地逼视着楚王说："合纵不合纵，三言两语就能定，可是为什么还没谈成？"

楚王一看，很不高兴，就问："你是什么人？"

平原君忙说："是我的门客毛遂。"

楚王一听，就骂道："我和平原君商量国家大事，哪有你这无名鼠辈插嘴的分儿？下去！"

毛遂却提着宝剑，上前一步，说："你不用仗势欺人。我这样做，也是为你们楚国着想。"

楚王看了看他的神情，有点儿震撼，只好换个口气说："那你有什么意见？说吧！”

毛遂高声说：“想你楚国幅员千里，带甲上百万，本是个大国。可没有想到，秦军一来，你们就败仗连连，甚至连国君都被捉去了，死在秦国。难道这不是楚国最大的耻辱吗？秦国的白起只是一个莽夫，有什么可怕的，可是他只带几万军队，就把楚国的国都夺去了，逼得你只好迁都。这种耻辱，连我们赵国都替楚国害羞。其实，我主人今天和你谈抗秦的事情，不仅为赵国，更是为了你们楚国。”

毛遂的话像锥子一样深深地戳痛了楚王的心，使他不由得说：“是这样。”

毛遂又问：“那么你愿意联赵抗秦吗？”

楚王说：“愿意。”

就这样，楚国救赵的事被确定下来，邯郸之围得以解除。而毛遂也在诸国中威名远播。

毛遂的故事说明，真正会说话，并让对方接受你观点的人，往往采取主动出击的战略，而不是被动地一直等待下去。

可见，要想使别人接纳你并重用你，你必须使出浑身解数。竭尽全力去游说，必须有创意，而且要给人留下鲜明的印象，让用你的人因佩服而接纳你。

俗话说：“唯唯诺诺，那是退缩、软弱、没出息、懈怠的一种象征。”在一个单位中，唯唯诺诺常常会使领导对你的能力产生怀疑，得不到重用，从而埋没了你的才华，更别说创造出令领导满意的工作业绩了。这样下去，你又怎么能办成事、办大事呢？

唯唯诺诺首先是没有自信、没有胆量，缺乏勇气的一种表现；其次，也是一种软弱的被领导者的心理表现。唯唯诺诺者多数都是遵守纪律、乐于服从，给人的感觉是难当大任，不可能会创造性地开展工作，独当一面地成为单位的“台柱子”。

一个出色的人首先在工作和生活中应该表现出勇气和热忱，敢于表现自己的才能和自信，敢于追求真理，这样的人才会引起别人的注意，得到大家的赏识和信赖，并委以重任。最终，才会走向事业成功的最高峰。

年轻人要想获得领导的重视和尊重，使自己成为一个能充分展现才能、对企业有用、甚至是领导无法离开的人，就要避免软弱的表现。收起你的软弱和胆小，将重担勇敢地挑在肩头，主动出击，让别人看见你的作用、你的能力。

迫使他人信服不是最佳选择

当我们与他人谈话，意在说服对方，就应该以发自内心的真诚来阐述自己的意念。因为只有你自己被说服了，才有可能设法说服对方。

史蒂文森是位非常有名的辩论家，曾有人这样描述他的辩论："我们和他坐在一张圆桌旁边，因为已经听说过他的辩论水平非常高，所以当轮到他发表意见时，大家都目不转睛地盯着他。首先，他感谢我们如此认真地听他讲话。然后说他所持的立场可能会与我们不同，所以请我们原谅他。接着，他身体前倾，双眼紧紧地盯着我们，虽然没有提高他的音量，但是我却觉得好像是晴空霹雳。他说：'大家看看四周，互相看看，你们知道吗？现在心脑疾病正在蔓延，几乎四十岁以上的中年人每七个人中就可能有一人死于这种疾病！'"

"接着，他停顿一下，说：'这件事情非常普遍，但是很残酷。然而，我们一定会想到解决的办法，那就是发展医学，尽快找到治疗方法。请问，大家愿意一起努力，为攻克这个疾病而一同努力吗？'此时，我不知道除了'愿意'，我们还能回答什么。而我坚信其他人也一样，都有这种感觉。"

"就这样，几句话，我们的心就被史蒂文森征服了，因为我们已经在不知不觉间被他拉进了他的话题，他已经使我们成为他的同盟军，并且愿意站在他那一边，'为发展医学科技，尽快找到治疗方法'而努力了。"

不论何时，获得对方赞同与有利的反应，都是每个人所梦寐以求的。而要使他人信服，就必须拿出真挚的感情和良好的性格，用真诚和个人魅力去打动对方。亚历山大曾说：“一个人讲话时所具备的那种真诚，会使他的声音焕发出一种真实的异彩，而这是永远都不能伪装出来的。”

如果对方拒绝你，而且是从内心里拒绝你时，他的整个言行都会收缩，进入反对、抗拒你的状态。简单地说，他的整个神经系统、肌肉系统都会进入戒备状态，拒绝接受你的言谈。反之，如果一个人同意你的观点，就会使整个身体进入一种接纳、开放的状态。所以，在说话之初，我们就应该尽可能地潜移默化地使对方信服我们，使对方赞同我们的观点，这样才更有可能使对方接受我们的整个意见。

在说话之初就获取对方的赞同态度，是非常重要的技巧，但却被众人所忽视。很多人往往在一开始便不断想显示自己的重要性，结果，三言两语，双方就剑拔弩张了。

不论是普通的交谈，还是紧张的谈判，其实都属于心理战。谁在心理上抓住对方，谁就能征服对方。反之就会败下阵来，不得不按照对方的意思行事。

摸透了对方的心理，就可以找到其薄弱环节，这样自然就能顺利达到你的目的。我们要知道，几乎所有成功人士都有一个共同特点就是：他们总有办法让别人信服他们。

战国时期，吕不韦到赵国的邯郸去做生意。一天，在路上看见一个年轻人，觉得他不是一般的平民百姓，于是就问他是谁。

别人告诉他说：“他就是秦昭王的孙子、太子安国君的儿子，叫异人，现在作为人质留在了赵国。”

因为秦、赵两国之间经常打仗，赵国就故意折磨异人，让他吃不饱、穿不暖，非常狼狈。

吕不韦知道了之后，心想：虽然现在异人只是个人质，但是毕竟是秦国的王子，如果我对他好点儿，以后他做了秦王，肯定会加倍地报答我。

因此，他认定在异人的身上投资，会换来巨大的回报。

可是，吕家的财政大权掌握在父亲手里，如果让他拿钱往异人身上花，老头子肯定不同意。于是，回到寓所后，吕不韦就问父亲：

"父亲，请问种地能赚取多少利润？"

父亲说："差不多一倍。"

吕不韦又问："贩卖珠宝玉石呢？"

他父亲又说："差不多十倍。"

于是，吕不韦又问："如果帮助一个人成为国君，掌管全天下的钱财，会赚多少呢？"

他父亲一听，说："这根本就没有办法计算。"

接着，吕不韦就把自己的意思和父亲说了，然后说："同样是赚钱，我们为什么不赚大钱呢？"

他的父亲果然同意了。第二天，吕不韦就拿出大笔钱，买通了监视异人的赵国官员，接出异人。他对异人说："你想不想回秦国，并且做未来的秦国国君？"

异人说："这是不可能的。你只是个商人而已，怎么能把我送回秦国，再说了，我父亲有那么多儿子，才不会在乎我的死活呢！"

吕不韦说："只要你成为秦王后记得报答我，我就想办法送你回国，并且帮助你登上王位。"

看着吕不韦坚定的样子，异人发誓说："如果真如先生所说，有那么一天，我一定重重地报答你。"于是，吕不韦立即来到秦国，贿赂安国君的亲信，把异人赎回了秦国。

太子安国君有二十多个儿子，可是他最宠爱的华阳夫人却没有儿子。于是，吕不韦就找到华阳夫人说：“现在虽然夫人得到太子的宠爱，享受荣华富贵，可是万一有一天，太子死了，谁还能照顾你呢？夫人应该为以后早做打算。”华阳夫人觉得吕不韦说得很有道理，于是就向他请教。

吕不韦接着就劝华阳夫人收异人为嗣子，并且在安国君旁边吹枕边风，帮助异人将来成为秦国太子。

异人后来成为秦国太子，并成为秦王。他非常感激吕不韦的拥立之恩，就立吕不韦为相，并把河南洛阳的十二个县、十万户的税赋给了他。此时，吕不韦可算是名利富贵大丰收。

吕不韦就是因为了解对方的心理状态，清楚对方心中的想法，才一个个地将他们说服，借助他们的力量，帮助自己实现梦想。这一故事就是流传千古的“奇货可居”这一成语的出处。

在生活中，我们总会遇到一些不平的事、不公的人，又不得不去表达我们的不满。对自己亲近的人，有时候也要巧加指责，让对方明白。但如何表达这种不满却是大大的学问。特别是对于一些非原则性的问题，要做到既能表达出自己的不满，又不至于破坏双方和谐的人际关系，确实是不太容易。话说重了，会使对方觉得你迫使他信服你的观点；话说轻了，又不会达到你所追求的结果。寻找一种巧妙的说话方式来准确地传达你的意思才会让你达到目标。而话里藏话、旁敲侧击，不失为一个理想的武器。

让对方信服，就要知道对方的“心结”所在，所谓“好钢用在刀刃”上。只有对症下药，才会产生预期的效果。

一家工厂效益不好精简人员，一位女职员由传达室被精简下来，被安排到了车间。这位女职员不高兴地说厂长有意整人，还要求厂长立即给她办病休手续，要吃劳保。这天，她又准备去找厂长发脾气，有一位劳资干部叫住了她：“大姐，咱姐妹关系不错，我有几句贴心话想和你说说。”

这位女职工一落座，就又说起自己的事来。她始终认为：叫她下车间是厂长有意刁难她。等她说完了，这位干部说："大姐啊，你说厂长整你，我看可能是你太多心了。这次精简机构，下岗三十多人，你们传达室也下去了四个人，不只你一个。咱们下到车间后，干活虽然累点儿，可是多干多得，这不比在传达室里拿那几个固定的工资强吗？"

她边说边观察对方脸上的变化，看到她脸上的阴沉有所改变后，就继续说道："大姐啊，你一时生气，现在就要吃劳保可是太不合算呀！你今年才47岁，再干几年就该退休了。如果你现在就吃劳保，那退休后的工资只能拿到别人的70%，你不就吃大亏了吗？你想想，咱辛辛苦苦干一辈子，就差这么几年就熬不下来了？大姐，你琢磨琢磨，我说得有没有道理？"

没想到这话还真管用，当下女职工脸上就露出了笑意。她拉住干部的手，激动地说："你算把你的傻大姐给说醒了！人在事中迷，就怕没人提。我倒把这事给忘记了。我听你的，明天就下车间。"

如果你有观点，千万不要强迫别人去接受，那样只会起到更坏的作用。试着站在对方的角度考虑，对方就会觉得你是为了他好，你的意思也就比较容易让他信服。能成大事的人，往往都是能够多角度、多方面思考问题、解决问题的人。

忘掉“我”，用“我们”将对方变成自己人

在谈话的过程中，如果总是把“我”字放在嘴边，会给人很自私、很狭隘、很没有团队协作精神之感。这样的人不但没有人愿意与之成为朋友，而且企业也不会乐于接受这样的员工。所以，无论与什么人交谈，都不要把“我”字放在嘴边，所谓“说者无意，听者有心”，即使你不是故意的，别人还是会觉得很不舒服。

与人交谈时把“我”变成“我们”，就无形中把对方变成了“自己人”了，这样再与其交往就多了一层亲近感，有百利而无一害。这是因为把“我”字变成“我们”显得非常谦虚，没把别人当外人，说出来的话别人就很爱听，听了爱听的话自然就会心情舒畅，这样你与其谈事的时候也就不会有很大的障碍了。

所谓“自己人”，是指对方把你归为与他同一类型的人。一般来说，在一个陌生的环境中，首先能获得你好感的，必然是与你有共同点的人。比如，有共同爱好的人、有相同出生地的人、有相同生活习惯的人、与你有相同经历的人等。我们会下意识地把这些人看成“自己人”，从而萌生亲切感，愿意相互接近，相互信任。

一家大型公司发出招聘信息后，应聘者接踵而至，多达百余人。当时，公司只需聘用两人，于是在一番精挑细选后，从众多应聘者中选中三人，以进行下一轮的角逐。

由该公司高层管理人员组成的招聘小组经商讨后，为这三人出了一道这样的题目：“假设你们三人一起开车去森林探险，结果车子在返回途中抛锚。这时，车内只有四样东西供你们选择，分别为刀、帐篷、水和绳子。请你们按照这些物品对你们自身的重要程度进行选择吧。”

其中的一位男士首先答道：“我选择刀、帐篷、水、绳子。”

负责招聘的高层领导问：“你为什么把刀放在第一位？”

这位男士说：“我不想害人，但防人之心还是要有的。帐篷只能睡两个人，水也只有一瓶，万一有人为了争夺生机，想谋害我怎么办？我把刀拿到手，也好进行自我救助啊。”

其中的一位女士说：“水、帐篷、刀、绳子这四样东西是我们大家都需要的物品。”

“我们大家”这个词引起了招聘负责人的兴趣，他微笑着问这位女士：“说说你的看法。”

女士解释说：“水是生命之源，尽管只够两个人喝，但大家都谦让一点儿，省着点儿是可以共同度过危机的；虽然帐篷只够两个人睡，但三个人可以轮流睡；刀也是路上必不可少的；当我们遇到不好走的路时，可以用绳子把大家绑在一起，以防丢失。”

另一位男士的回答与这位女士的回答大致相同。

结果，第一位男士被淘汰出局。

这就是把“我”字挂在嘴边给人们带来的不利影响。一个过分以自我为中心的人，无论做什么事情都喜欢表现自己，什么事都抢着去做，把功劳归在自己的头上，过错却推给别人，这样的人很令人讨厌，没有人愿意与这样的人为伍。

一个肥胖的女孩来到服装店买T恤，可是试了很多件都不满意，自己喜欢的穿不上，能穿上的又不好看，她看着镜子中的自己感到有点儿自卑，想一走了之不买衣服了。这时候，一个和她身材差不多的导购小姐走过来问："是不是很难挑到中意的？"

"是啊！"

"像我们这样身材有些胖的人，很难买到合适的衣服，我就经常买不到。"

导购的话一下子说出了女孩的苦恼，女孩点点头说："就是的，很多衣服我都很喜欢，可是没有大号，我穿不了。"

接着，导购耐心地向女孩传授了一些胖人穿衣服选衣服的技巧，最后说："我们店里的衣服款式很多，而且号码齐全，瞧，这件就很适合咱们，你试试看。"

女孩对导购亲切的话语充满了好感，而且对导购的眼光很信赖，试穿之后立即决定买一件。

导购正是用"我们"一词，将自己和顾客从买卖关系变成了面临同样问题的"自己人"，结果，客人当然就对她增加了信任感和好感。

与人交谈时，用"我"和"我们"的差别就在于听者的感受。人们都比较喜欢听"我们"这个词，比如，"这是我们共同的家园""这是我们共同的学校""这是咱们共同的公司"，说话者的目的就是要用"我们"，将听话者变为自己人，激发听话者的积极性、主动性、自觉性。如果将"我们"换成"我"，听话者心里必然会产生想法，认为你对他不够尊重，同时也会认为你是一个极度自私的人，从而对你提高防范心。

人们在交际中，将"我"换成"我们"，"自己人"的关系一经形成，人与人之间的摩擦事件与心理冲突会大大减少，就更容易建立良好的人际关系。那么，如何与他人建立"自己人"关系呢？寻找"相似性"不可缺少。相似性包括：信念、价值观以及人格特征的相似；兴趣、爱好等方面的相似；社会背景、社会地位的相似；年龄、经验相似，以及其他方面的相似。

当然，最重要的莫过于真诚、平等地待人。巴尔扎克曾经说过，“只有打算彼此开诚布公的人们之间，才能建立起心灵上的交流。”的确，开诚布公、坦诚相见，才能让双方密切联系，关系更加融洽。让我们尝试着把身边的同事、邻里，甚至陌生人当成“自己人”吧，或许我们的心理距离会更贴近，我们的生活会更加美好。

聪明的人无论与谁说话，都会把集体观念摆在心中的首要位置，把“我们”挂在嘴上，让说出去的话发挥出联络感情的作用，这会为你的社交大开绿灯。

故作不知，装糊涂表达拒绝之意

明代清官海瑞在浙江淳安当知县时，遇到一件麻烦事。那天，海瑞正在县衙处理公事，突然有下属来报：驿站有人闹事。

海瑞一听，连忙带人赶往驿站。远远地，见驿站门前的树上倒吊着一个人，海瑞走近一看，正是驿站的官吏！

海瑞心中顿时火起。再看那闹事的主儿，身穿鲜衣华服，显然是一介公子。在公子的旁边，摆满了他带来的大小几十个箱子，上面都贴着总督衙门封条。

一看这情景，海瑞心下了然。这几天，他听说总督胡宗宪的家眷要路过淳安，想来这拨人马就是了。总督的家人竟然会在此处闹事，这是海瑞没有想到的。

他突然有了主意，表面却不动声色，叫人把箱子打开，只见里面装着几千两银子。海瑞转身对那位公子道："你是什么人，为什么有这么多银两？"

那公子眼也不眨一下，说："总督是我父亲！"

海瑞登时脸色一变，大声喝道："你这个混账的东西，真是可恶，竟敢假冒总督家里人，败坏总督名声！上次总督出来巡查时，再三布告，叫地方上不要铺张，不要浪费。你们看这家伙带着这么多银子，怎么会是胡总督的儿子，一定是假冒的，严办！"

于是，海瑞把胡公子的几千两银子没收充公，交给国库。同时写了一封信，声称有人招摇撞骗，败坏胡总督的名声，连人一起送给总督胡宗宪发落。胡宗宪看了来信，又看看被捆绑着的儿子，气得说不出话来。他怕海瑞把事情闹大，只得忍气吞声，不敢向海瑞说明他所捉的人就是自己的儿子。银子的事情也不敢再提了。

当你想要拒绝接受一些事情，没有特别好的理由时，可以故作不知，就像海瑞一样。海瑞知道，作为事件的处理者，若是接受“闹事之人是顶头上司的家人”这一事实，将直接面对顶头上司的压力。这样的话，他若想按照律令法办闹事之人的话，很有可能遭到干涉。

此时，胆大心细的海瑞装糊涂，不仅直接法办了闹事之人，还给胡总督写信，表面上似乎还挺给顶头上司面子，而实际上表达了自己向权势说“不”的勇气。其中的含蓄之妙，可谓柔中带刚，刚中有柔。

在生活中，我们若能把握时机，采取装糊涂的方式，灵活地拒绝一些不必要的干扰和麻烦，不仅可以避免尴尬，还能够表达我们的坚持。

美工部的主任为人处世不错，唯有一样让下属蓝小姐觉得郁闷的，就是这个主任特别喜欢讲一些粗鄙之事。说完之后，他还要逮住一个下属问一句：“你说是不是啊？”

初到美工部的时候，蓝小姐只能脸红耳赤地听着，直到主任说得尽兴而去。

后来，蓝小姐发现，主任之所以每次都要问“你说是不是啊”，是因为他有点儿心虚，想借这句话拉着别人买他的账，为自己找个台阶下。蓝小姐决定用这个“台阶”给主任点儿颜色看看。

这一天，主任又开始讲了，蓝小姐提前准备好耳机，一边听音乐，一边敲键盘。主任讲完了，见蓝小姐没有什么反应，就特意跑到她面前问：“你说是不是啊，小蓝？”

“啊？对不起，主任，您刚才说什么了？我刚才没有认真听！”蓝小姐摘下耳机，一脸惶惑地说道。

主任连忙摆了摆手，笑着说道：“没事，没事，开个玩笑。”

蓝小姐若是直接对主任说“不”，主任的脸色肯定不会好。她采用了装糊涂的方法，她不说“没听见”，也不说“讨厌”，她说“没有认真听”，什么意思？潜台词大概是，你一个主任，作为上司，说这样不体面的话，不尊重下属，下属又怎么会认真听呢？

如此看似“糊涂”的一句话，就好像软刀子，一下子就扎进了主任的心里。主任明白，再说这样的话，很容易让下属看不起，因此收敛了许多。

装糊涂，是一个很好的拒绝办法，但在具体的运用过程中，一定要把握度。太糊涂，会让人认为没有主见；不糊涂，则会被人认为难以相处；恰到好处的糊涂，就能编织出良好的人际关系网。

笑容，是善意的信使

我们都知道《蒙娜丽莎的微笑》这幅画，这幅画中的人物蒙娜丽莎并不是一个名人，但是她脸上的微笑与当时教会势力统治下到处可见的冷漠面孔形成了鲜明的对比。当时的欧洲人看到这幅画后内心都会受到很大的触动，这幅画也因此在全人类中产生了深远的影响，成为全世界的艺术瑰宝。

由此不难看出，微笑具有何等令人折服的魅力。

哈威·乔已经结婚十几年了。这十几年来，从早上醒来到离开家去上班，他都很少对自己的太太笑一笑或对她说上几句贴心的话，哈威·乔觉得自己是百老汇最为闷闷不乐的人。

直到有一天，哈威·乔参加了一个继续教育培训班，讲课的老师要求每个人都要用微笑的表情讲一段话，于是，哈威·乔决定用一个星期的时间试试看。接下来，每到去上班的时候，哈威·乔就会对大楼的电梯管理员微笑着说一声“早安”；每次到大门口的时候，他也会用微笑跟大楼门口的警卫打招呼；进地铁站的时候，他会对检票员微微一笑；甚至在交易所时，他对那些以前从没见过的陌生人都报以微笑的表情。

很快，哈威·乔就发现，当他给别人以微笑的时候，对方也对他报以微笑。不仅如此，当面前有人发牢骚的时候，他也会以一种愉悦的态度来对待他们。他一边听着他们的牢骚，一边微笑着，于是问题就容易解决了。

和哈威·乔在同一个办公室的年轻同事也发现了他的变化。这位年轻同事说："当我最初跟您共用办公室的时候，我认为您是一个非常闷闷不乐的人。直到最近，我才改变看法：当您微笑的时候，脸上充满了慈祥的神情。"而哈威·乔的妻子更是不敢相信自己的丈夫居然每天都对自己保持微笑，这在以前简直是想都不敢想的事。

慢慢地，哈威·乔发现，通过微笑，别人对自己的态度更好了，和同事、妻子的关系也更加和谐、融洽了。为此，他很庆幸自己参加了这个继续教育培训班，而且他也能充满信心去应付讲师布置的任务了。

应该说，一个人的笑容就是他最好的信使。你的笑容能照亮所有看到它的人。对那些整天都皱着眉头、愁容满面、苦恼烦闷的人来说，你的笑容就像穿过乌云的太阳。尤其对那些受到上司、客户、老师、父母或子女的压力的人，一个笑容能帮助他们获悉一切都是有希望的，世界是充满欢乐的。简单的一个微笑包含着丰富的内涵。在顺境中，微笑是对成功者的褒奖；在逆境中，微笑是对失败者的鼓励。一个经常面带微笑的人，在任何场合都是非常受欢迎的。

某个小镇上有一个非常富有的人，这个富翁虽然有很多钱，但是他一点儿也不快乐。

有一天，这个富翁像往常一样垂头丧气地走在路上。这时，迎面走来一个小女孩，小女孩用天真无邪的眼神望着这个富翁，并且给了他一个非常甜美的微笑。这个富翁看到小女孩如此清澈的微笑和纯真的面孔，心中的阴霾立即烟消云散，豁然开朗起来。这个富翁心想：为什么我要不高兴呢？能像这个小女孩一样微笑该有多好啊！

第二天，富翁决定离开这个小镇去追寻自己的梦想与快乐。临走前，他给了这个女孩一笔巨额财产。镇上的人知道这个消息后都觉得非常奇怪，便纷纷问这个小女孩："你和这个富翁认识吗？"小女孩摇了摇头。"既然不认识，那他怎么会无缘无故地送你这么一大笔钱呢？”小女孩天真地笑着回答：“我什么都没做，也什么都没说，我只是对他微笑而已。”

一个简单善意的微笑足以感动一个垂头丧气走在路上的陌生人，不管他是穷人还是富翁，这不能不让人惊叹微笑的魅力。

现实生活告诉我们，英俊的外表并非想象的那么重要，横溢的才华也并不是每个人都可以得到，但是不论是谁，都有权利微笑。微笑是一株芳香扑鼻的白色百合，成长于一颗纯净的心灵之中，在微风中弥漫着真诚和善良的芳香；微笑是阳春里怒放的杜鹃，用火一样的颜色展示着生命真实的色彩；微笑是腊月寒冬里的一束阳光，尽管只有微弱的热量，也能让人感觉到温暖。

1. 发挥主观能动性，对微笑也要“自觉”起来

前面我们提到，或许你是性格内向的人，相对来说话少，但是微笑这种表情却未必会少。只要你能够培养起自觉微笑的习惯，那么孤独寂寞就会不自觉地远离你。

2. 早晨面对镜子微笑

在镜子中会反射出另一个自己，当你对它笑的时候，它也对着你笑，似乎没有比这种“交易”更立竿见影的了。所以，你要通过镜子多对镜子里的自己微笑，同时你也收获了同样的微笑表情。这样，你的心里就会畅快很多，有一个“人”对自己微笑，心里已经有些许暖意了，怎么还会感到孤独呢？

“真诚的微笑，其效用如同神奇的按钮，能立即接通他人友善的感情，因为它在告诉对方：我喜欢你，我愿意做你的朋友。同时也在说：我认为你也会喜欢我的。”这是管理学大师拿破仑·希尔的经验总结。

事实上也的确如此。微笑是苦难中探寻的希望曙光，是生活中彼此沟通的无形桥梁，更是生命中轮回不息的蓬勃朝气。微笑是阳光下灿烂的花朵，给人一种美丽的享受，给人一种生命的力量。因此，内向性格的人不要再害

怕孤独的侵袭，也不要担心冷漠的酸楚，因为你已经掌握了微笑这门“交往秘笈”，它将为你开辟一方新的天地。

微笑是一株芳香扑鼻的白色百合，成长于一颗纯净的心灵之中，在微风中弥漫着真诚和善良的芳香。微笑是苦难中探寻的希望曙光，是生活中彼此沟通的无形桥梁，更是生命中轮回不息的蓬勃朝气。

炫耀之语不讨喜

在我们日常交谈的话语中，有不少词语在不同的条件下使用，往往就会有不同的含义，有的词语甚至会完全相反，这就是“同语异义”的现象。它有时会给人们带来很多麻烦，有时也会带来许多便利。巧说“同语异义”比直言更能对听者产生强烈的吸引力，但如果运用不好则会带来很多麻烦。

《三国演义》中描写曹操误杀吕伯奢一家的故事就很有借鉴意义。曹操刺杀董卓未成，便与陈宫一道投奔曹父的义兄吕伯奢家求宿。吕伯奢热情接待，上村西沽酒去了。

曹操坐了一阵，忽然听到后院有磨刀的声音，于是，与陈宫蹑手蹑脚进了后院，只听得有人说：“捆绑起来再杀！”

曹操对陈宫说：“不先下手，咱们就要死了！”

说着，便与陈宫拔剑冲了过去，见一人便杀一人。他们搜寻厨房，这才看见那里有一只捆绑起来等待宰杀的猪。结果，造成一场误会。

这个故事虽反映曹操疑心过重，但“捆绑起来再杀”这句不明确的言辞，对促成曹操杀人也起了很大作用。这说明“同语异义”的言辞一定要谨慎使用。

二战期间也发生过因“同语异义”而误会的事。当时，由于德军经常空袭伦敦，所以英国空军总是保持高度警惕。在一个浓雾漫天的日子，伦敦上空突然出现了一架来历不明的飞机，英国战斗机立即升空迎击，到飞临对方时，才发现这是一架中立国的民航机。

英国战斗机向地面指挥部报告了这一情况，请求指示。地面指挥部回答："别管它。"于是，英国战斗机发出一串火炮，把这架民航机打落了。后来，英国为此支付了一笔巨额赔偿才了事。英国战斗机和地面指挥部都负有不可推卸的责任。

首先是地面指挥部，不该用"别管它"这样语义不明的言辞来回答战斗机飞行员的请示。这既可以理解为"别干涉它，任它飞行"，也可以理解为"甭管它是什么飞机，打下来再说"。

战斗机飞行员的责任是在听到这样可作完全相反理解的命令后，应该再次请示，然后再采取行动。这样就不致铸成大错了。

可见，这个"别管它"，就是一种"同语异义"的言辞。你在遇到这种言辞时一定要慎重处理，切勿鲁莽行事，否则它会成为你与人沟通的障碍。

战场上的英雄根本无须什么语言，伤疤足以代表一切。而他用夸张的言辞，装腔作势，说得越多，人们对他的失望也就越大。

滥用夸张的言辞是不明智的，在很多时候，说得越多损失就越大。信口开河的人一般都是那些品位不高或知识欠缺的人。当人们发现你言过其实时，常常会觉得他们受到了愚弄，这会严重影响你与他人之间的沟通。

你也许常在聚会或其他场合听人说"想当年……"虽然常言道，"好汉不提当年勇"，但却有许多人喜欢夸耀自己的成就和长处，希望借此赢得听者的钦佩，留下深刻的印象。这种做法却往往适得其反，很可能只是得到表面的赞美，事实上对方已经对你印象恶劣。所以当你想要提及自己的优点和辉煌事迹时，应该点到为止，不宜太过，才能使对方认同而不会心生厌恶。

有个曾经被选进篮球校队的人，在一次闲聊中提及篮球。于是这人便得意扬扬地开始叙述自己辉煌的纪录，最初大家都兴致盎然地听他描绘当年如何抢篮板、进三分球，谁知道他越说越起劲，天花乱坠、子虚乌有，渐渐地引起听众的反感，虽然大家在他面前依旧表现出十分崇拜的样子，但私底下却称他为“吹牛大王”。

炫耀的心理，人人都有。但是如何表现得当，不引起他人反感，则是一种沟通艺术。懂得说话的人必定会先称赞对方，借由赞美对方，顺便提到自己的长处，比如说：“您的市场开拓能力真是了不起，叫人佩服。我在这方面就不行，一提到搞市场就头痛，倒是技术研究，我还比较有心得……”借话引话，才不至于让对方觉得你在自吹自擂。自我的渲染和夸张不可能赢得别人的真正赞许。

知识丰富而又不炫耀的人，可以在短时间内受到认可，他们可以跨性别、跨年龄层的无障碍地交流，因此也更容易事有所成。

沉默是一种有效的拒绝方式

某公司有一个女孩，平日里只是默默工作，并不多说话，和人聊天时总是面带微笑。有一年，公司来了一个好斗的女孩，很多同事在她主动发起的攻击之下，不是辞职就是请调。最后，矛头终于指向了这个默默微笑的女孩。

某日，那个好斗女孩抓到了沉默女孩的把柄，立刻就开火了，对着沉默女孩一顿斥骂，谁知那位女孩只是微笑着，一句话也没说，只偶然问一句："啊？"

最后，好斗的女孩小脸涨得通红，一句话也说不出来了，只好鸣金收兵。不久之后，好斗的女孩自请他调了。

看完这个故事，你一定会说，那个沉默的女孩的修养实在是太好了。其实不是这样的，那位女孩只是因为听力不大好，理解别人的话总是要慢半拍，而当她聆听别人的话语并思索话语的意思时，脸上又会出现"无辜""茫然"的表情。

结果，好斗女孩所有的攻击都好像打在了棉花上，没有丝毫效果，于是只好鸣金收兵了。

现实生活中，大部分人一听到不顺耳的话就会回嘴，其实一回嘴就中了对方的计。这个时候，拒绝他人的攻击，最好的办法就是不回嘴，沉默以对，对方自然就觉得无趣了。如果他还一再挑衅，只会凸显他的好斗与无理取闹罢了。

沉默是有效的拒绝方式。关注娱乐新闻的时候，我们常会看到这样的事情：某位明星被曝光恋爱，一时之间，风波四起，大小媒体纷纷想方设法前去挖掘事情的内幕。面对媒体的疯狂追问，当事人却泰然自若、三缄其口，经纪公司也保持沉默，对此表示一无所知。于是一段时间之后，这件原本沸沸扬扬的娱乐事件便无人问津了。

在政经新闻当中，也有类似的场景。外交官、企业代表发言人们遇到他们不想回答或不愿回答的问题时，会用一句“无可奉告”来搪塞过去。这种外交辞令，其实与明星的三缄其口，表达了差不多的意思，就是拒绝回答。这种沉默拒绝的方法，也值得我们借鉴。当然，那种外交辞令太正式，我们没有必要生硬照搬，可以变换一下用语，换成“事实会告诉你的”“这个嘛”之类的话。这种说法可能比一味地闭口不言，效果更好。

生活中很多人不知如何表达拒绝，心里不断地演练拒绝的言辞，可一旦面对对方又下不了决心，总是会觉得尴尬和惭愧，话到嘴边，就是说不出来。这个时候，你可以干脆不说，以沉默来应答。学会沉默，能够帮助你拒绝很多事情。在我们遇到一些不愿牵扯进去的麻烦事时，利用沉默来表达拒绝，会更加自然。

例如，刚进入一家单位，就有人送来请帖，请你去参加一个聚会。如果你不想去，可以不给予对方任何回复，这样，一般人都会明白你的意思。这种沉默的方法能达到拒绝对方的目的，同时也能避免直接拒绝带来的尴尬。

当然，并不是所有的事情都适合沉默以对。沉默拒绝的方法有一个适应性的问题，这种方法更加适合应用于那种特别容易陷入争论的事情。

我们知道，“不”会令人失望和沮丧，因为对被拒绝的人来说，这个字意味着完成某件事情的希望又少了几分。如果对方极度渴望实现自己的目标，那么他必定会想方设法来说服你不要拒绝。

就算你明确告诉他拒绝的理由，并且给他指明其他出路，他依然会不依不饶、纠缠不休，这样一来，你们之间势必会展开一场激烈的争论。无论争论的结果如何，对你来说都是有弊而无利的。因为即使通过争论，最终的结果依然是拒绝，你也已经在这件事情上浪费了大量的时间和精力。这与你躲避不必要的麻烦，完成应该做的事情的原则是完全相悖的。

而且，如果你稍微心软一点，在对方的咄咄逼人之下，你就会不慎掉入不得不接受的陷阱，到时候你就亏大了！

例如，当一个银行业务员向你推销信用卡时，如果你拒绝对方说："对不起，我已经办了好几张信用卡了，所以不需要。"

那么，对方很可能抓住你回答中的弱点进行反击："是吗？那您每天带着好几张信用卡出门，一定觉得很不方便吧！"

"还好吧！"你的回答通常会是这样。而这就进一步给了对方可乘之机："其实您完全可以把这些卡丢掉，只要您办了我们银行新推出的信用卡，就可以一张卡走遍天下了。您在全球八百多个城市都可以随时享受我们优质的服务。因为这个月是推广月，现在办还有礼品赠送，并且可以享受免年费的优惠……"

怎么办？原本是想拒绝对方，却因为拒绝话语不到位而使对方更加有机可乘了。更有意思的是，自己拒绝的理由反而成了对方进一步推销产品的理由。无论结局如何，被对方打扰已经是无法挽回的事实了。

在日常生活中，当我们遇到类似上述的情况时，即便对方舌绽莲花，把产品吹得天花乱坠，只要我们保持沉默，不予理会，不消几分钟，对方就会自知没趣，灰溜溜地走掉！因为他们得不到预期的回应，气势和信心就会随之降低，直至最后彻底放弃。在沟通中，你的沉默和无言，将不断地消磨对方的热情，让人失去继续说下去的热情。

可见，沉默是最好的拒绝。当我们想要表达自己的拒绝而又不知道如何做时，不妨用沉默来代替言语，这样往往能收到“无声胜有声”的效果。

沉默并不是万灵丹，当别人对我们提出某些不合理的要求时，如果我们还沉默以对，就会助长对方的气焰。比如遭遇性骚扰、冷暴力、无端欺压等，我们当然不能沉默以对，正确的做法应该是强烈地表达不满，并且采取自我保护的手段，进行坚决的抵抗。

分清对象，
把话说到人心坎儿里

我们在说话的时候，

一定要有分寸，

要把话说到别人心坎儿里，

要让每句话产生巨大的力量，

在对方的心里激起波澜，

彻底打动对方，

帮助我们把事情办成。

面对核心人物要“会说”

在职场中，常见这样的情况，你面对的说服对象并不是一个人，而是一个由核心人物领导的团队。此时如果依然采用各个击破的办法，就比较浪费时间和精力。所以，你必须尽可能地说服对方团队的核心人物。

你要记得，不管对方有多少人，决定权总会把握在他们的核心人物手里。所以，我们只要先攻克了这个核心人物，剩下的其他人就容易得多。当然，团队其他成员的力量也是不容忽视的，我们也不可因此而忽略对方团队其他成员的意见。

说服对方的核心人物的战术可以分为两种：一、集中自己的力量说服对方的核心人物，然后由他去说服其他成员；二、如果你尽了最大努力仍然无法说服核心人物，可以先转移目标，对对方的其他成员下手，让他们了解你的意见，然后由他们来影响核心人物。这种说服相比一般情况而言，难度相对要大得多。

小桂是一家大公司专门聘请的谈判高手，作为公司对外谈判的主要力量。而这次谈判的对象是由一所学校领导层组成的采购团，他们要从小桂的公司采购一大批最新款的笔记本电脑，配备给学校所有的老师。领军人物是该学校的副校长，这是一个既“顽固”又“吝啬”的人，很难说服。

谈判开始后，小桂就领教到了副校长的老练，因为他不仅调查了整个北京笔记本电脑市场的零售价、团购价，还调查出每个业务员从每笔交易中能够有多少提成以及运费需要多少等等。所以他给小桂定了一个价位，如果不同意的话，该学校就打算换一家公司采购。

确实，这让小桂很为难。怎么办，难道答应他们？可是他们提出的采购价位远远低于公司规定的底线。谈判中止了几次，后来学校采购团放话出来，再给小桂最后一次机会，否则立马换采购公司。

有一天，小桂看到副校长在一家电脑培训中心打听着什么。于是，就跑去问电脑培训中心的工作人员，得知他在寻找培训老师。于是，小桂就有了办法。

他立刻找到副校长说："你们学校是不是需要电脑培训的老师？"

副校长说："现在市场上的老师要价都太高了……"

于是，小桂趁机说："这么办你看怎样，我帮你们找，但是你必须按照我们的条件办。再说我以前提出的要求也不苛刻，只是你自己认为价钱太高。相信经过你那么详尽的调查，也应该知道我们没有赚多少吧？"

副校长说："你找的那些老师的技术水平怎么样，薪水怎么算？"

小桂就把自己的想法告诉了副校长。原来，聘请小桂的公司多招了三位技术人员，正好可以叫他们去帮忙。就这样，副校长同意了小桂的计划，而其他成员一看挺好，也没有反对。

像这种谈判，我们就应该如同古时攻城掠地那样，只要先拿下城外要塞，就可以长驱直入，进入内城。

当我们不能说服对方的核心人物时，就应该改弦易辙，先去动摇团队中其他成员的军心，然后再利用他们动摇核心人物的立场。说服对方的核心人物战术的关键，是要注意"有变化地反复说明"。

因为对方的成员通常不止一次地听过你的主张，如果你总是拿同样的理由进行游说，他们自然没有多少兴趣。所以，不管是先说服谁，你都要注意不停地改变自己的陈述方式，尽可能地加强其中的变化。

孟伟和陈同是同一名牌大学的毕业生，他们的成绩都很优秀，难分伯仲。两人被同时分配到同一家单位里。几年后，孟伟被提升为部门主管，陈同则被下调到公司下属的一家机构，地位明升实降。其中的原因是什么呢？

两人分配到该单位后，领导各交给他们一件工作。孟伟在分析调查之后，提出了若干方案给领导看，又向领导逐条分析自己方案的利弊，最后向领导请教，采用哪个方案比较好。这时，领导对他的分析已经很信服，当然采取了他所推荐的方案。然后，他又问领导如何具体实施。领导说：你自己放手去干吧，年轻人比我们有干劲。孟伟连忙说，自己参加工作不久，一切都还不是特别熟悉，多听领导的意见对于自己处理这些问题有极大的帮助。因为孟伟的态度谦恭，又提出自己的见解，意见又到位，领导很满意，当即向几个部门的头头打电话，让他们大力协助孟伟的工作。因为有了领导的帮助，孟伟在实施自己的方案时又很注意与各部门人员的协调，所以他的工作完成得又快又好。

陈同呢？他也为自己的方案做了精心的准备，方案也设计得十分到位。但他一心沉浸在自己的工作热情中，全然不记得要向领导请示一下。领导是开明的，既然说过让他全权处理，自然也不干涉，但也没有和下面人交代什么。等到陈同把自己的计划付诸实践，各部门的人员见他是新人，免不了有些怠慢，陈同心直口快，与他人顶了起来。这可惹了麻烦，因为这人正是公司总经理的亲信。后果可想而知，他的工作处处受阻，最后方案中途“流产”。

有的人因为害羞不敢向领导请教；有的人因为自负不愿向领导请教；也有的人担心向领导请教会显出自己没水平……其实这些顾虑都是大可不必的。多思勤问的人总是会得到领导的青睐。一方面，你的提问显示出你对工作的用心；另一方面，你的提问又显示出你的谦虚与诚恳。这样的人，哪个领导又会不喜欢呢?

同样是说话办事，在高度商业化的今天，时间就是金钱。我们不可能把大把大把的时间平均用在每一个人的头上。精准地找到你要沟通的决定性对象是谁，高效率地针对该针对的人做出正确的沟通，将自己的主要精力用在对方的核心人物身上，会起到事半功倍的效果。

聪明的下属都知道向上司“灌输思想”的重要性。面对上司一定要会说，让他能够接受你的观点。一旦接受了你的观点，听了你的话，就会运用它来指导他自己的决策，同时对你也会产生好感，觉得你是个可用之材。久而久之，你便会成为他的“心腹”之人。

某公司的经理在着手安排招聘事宜时，有一名员工碰见了他，这名员工坦率地说：“老总，看到您在招聘，我就想起自己当年来公司应聘时的情景。当时，我特别渴望有一种事业成就感。所以，我希望能摒弃员工的那种给人打工的感觉，公开地提出，‘与企业一同成长’的事业目标。让前来应聘的每一个人都觉得有奔头，能够将自己的职业生涯与公司的发展紧密地连接在一起。您说这该是多好啊。”

老总一听，眼前顿觉一亮：“这个主意真不错！非常符合我们的需要。”立即对这名员工委以重任，使他的才能得到进一步发挥。这名聪明的员工在与上司说话时，态度真挚而得体，同时将自己的“点子”在恰当的时候献出来，得到了上司的信任和赏识。

许多人在面对领导、对方的关键人物时都会紧张、不知所措。其实，大可不必。最重要的是，通过缜密思考，不仅将你的建议说出来，而且要很好地说出来。这并不是拍马屁，请不要不屑为之。如果你有才能就不要被埋没，遇到能发挥自己能力的时候就要敢于发挥。

当然，和上司交流要有分寸，知道什么该说，什么不该说。不然你的

“真心话”也会成为你的辞退书。应注意以下几方面：

首先，你和领导之间的关系是因为工作而产生的，上司看中的也是你的工作能力，关心的是你对公司的作用。因此，和上司谈话时，要以工作为主。工作才是双方的共同语言。

其次，这种场合中，你和上司是平等的，谈话也要在平等的基础上进行。因为是私下谈话，不同于正式会议，对工作、人事上的安排等事情，要坦率地提出一些自己的看法。但提出看法的目的是为了公司着想，为了领导着想，使工作能更好地开展。

再次，和上司私下沟通时，应该尽量获得更多的信息，但要注意分寸，该问的问，领导没有主动提起的事情，你不能随便乱问。表现得太好奇，可能会引起上司的反感和戒备。

最后，和上司私下谈话，是加深他对你印象的大好时机，应该多谈谈你的特长，你对工作、对公司的看法，自己对职业发展的打算，自己努力的方向等。

北魏时，太武帝拓跋焘曾到河套西边去打猎。当时他命令古弼留守在京都平城，让他预备最肥、最壮的马匹给狩猎的骑兵，没想到古弼却给他准备了一些瘦弱的马匹随猎。太武帝得知古弼不把自己的命令当回事，大怒道：“这个狗奴才，敢把我的话当耳边风，不好好办事，回京后一定先斩了他。”

当时，古弼的手下都十分害怕，欺君罔上的罪名可是非同小可，都惶惶不可终日地担心着。古弼却自己去见太武帝，他说：“我皇是英明的君主，以治理天下为己任。我在宫中听到一些传言，说您要斩了臣子，原因是臣没有满足您狩猎游戏玩乐时的愉快。我相信这应该不是什么罪，不做好抗击外来侵略的准备，才是罪不可赦。现在北方和南方的敌人都在千方百计地想侵略我国，我挑选肥壮的马匹来补充军队，就是为了国家的利益，就算是因此而开罪了陛下，我也愿意一个人承担全部罪责。”

古弼非常聪明，清楚地知道如何与太武帝相处，给太武帝台阶下。面对太武帝的愤怒杀气，古弼用一个君主最关心的国家安危来化解自己的险境，可谓高明之至。

说服对方核心人物战术的关键，是要注意“有变化地反复说明”，因为对方的成员通常不止一次地听过你的主张。所以，不管是先说服谁，你都要注意不停地改变自己的陈述方式，尽可能地加强其中的变化。

就事论事不如借事说事

在人际交往中，难免会遇到要劝说别人的情况。劝说的方法有很多种，借故事说事，就是其中一种。肯定有不少人听过《触龙言说赵太后》的故事。在故事里，触龙为了说服赵太后把小儿子送出去当人质以救赵国，便从自己关心小儿子的事说起，在取得赵太后的情感共鸣后，才摆出利弊，顺利说服了赵太后。触龙用的，就是借事说事的方法。

很多会说话的人都深谙此道。特别是在你的谈话对象根本不想听你的话、不想被你说服时，如果采用借事说事的办法，往往会取得不错的效果。

春秋时，晋灵公为满足一己私欲，劳民伤财地要建造豪华的九层高台，并称劝阻者格杀勿论。谋略家荀息实在看不下去了，想阻止晋灵公。可是他知道，如果直接说，对方肯定会杀了他。荀息左思右想，终于想到了一个办法。于是决定冒险求见灵公，说要给他表演一个节目。

获见后，荀息就开始表演起来。只见他先把12枚棋子堆起来，还说要在上面再加上9个鸡蛋。

灵公一看，就说："爱卿，这样堆砌，就已经很危险了，怎么还要堆9个鸡蛋？"

荀息不慌不忙地说："这还不算危险，还有比这更危险的事呢！"

灵公好奇地问："什么事比这个还要危险呢？"

荀息答道："大王可知，三年来为了建筑九层高台，全国已经没有男人种地了，而税赋日重，致使国力衰竭。倘若这时外敌入侵，怎么抵御得了呢？这岂不比棋子上叠鸡蛋更危险吗？”说着说着泪如雨下。

晋灵公深受感动，深深悔恨，从此不再建高台了。

这个古老的故事告诉我们，就事论事不如借事说事。不管我们采取哪种方式说事，只有达到目的的方式，才是最好的说服方式。所以，在我们势不如人，客观上存在某种忌讳时，我们就应该想办法不要犯忌，不能让对方抓住我们的把柄，把责任反过来推卸在我们身上。而此时，就可以用“话中带话”这种方式说服对方。

有一次在前往江南的船上，纪晓岚不小心得罪了乾隆皇帝，乾隆一气之下，冒出来一句：“赐死！让纪晓岚投江而死。”

听乾隆这样一说，纪晓岚心里也确实害怕了。但是他清楚：君无戏言，直接向皇帝求情，不一定奏效，而且现在皇帝正在气头上，肯定不准，反而会火上浇油。

急中生智，忽然纪晓岚有办法了。

他急忙跪下大呼“谢主隆恩！”，然后跑到了船的另一头。谁知道，纪晓岚并没有跳下去，而是张牙舞爪、龇牙咧嘴地折腾了半天，又急急忙忙地跑回来了。

乾隆一看说：“好你个纪晓岚，竟敢违背我的旨意！”

谁知道，纪晓岚认真地回应道：“皇上，我本来奉旨投江。可是，还没跳，就被屈原拦住。他说：‘纪晓岚，我投江是因为遇到了昏君。而你呢，处在太平盛世，皇上又那么圣明，怎么能投江呢？那样岂不是玷污了皇上的美名？’我一想，我死事小，皇上的名节事大，于是我就回来了。”

乾隆一听，变怒为笑：“没想到，你纪晓岚临死，还能顾及朕的名节。免你一死。”就这样，纪晓岚“忽悠”了乾隆。

所以，各位不妨在地位不等、实力不均的情况下，也试着用“借事说事”的方式，说出我们的心声，变不利为有利，摆脱险恶的处境。

有这么一个民间故事：从前，有一个年轻美丽的聪明姑娘，名字叫美貌女，大家都很喜欢她。当地有一个很有钱的恶霸，仗着父亲在朝中做大官，平时为非作歹，他看上了美貌女。

有一次，这个恶霸脚踩马蹬，挺身悬空，对美貌女说：“你说我这是上马还是下马？如果你回答对了，从此我不来纠缠你。但是如果你回答错了，就要和我回家，做我的姨太太。”

美貌女没有回答，而是不慌不忙地一只脚踩在门外面，一只脚踩在门槛上，反问说：“你说我是进门还是出门，你如果回答对了我就和你回去做你的姨太太，但是如果你回答错了，你就永远不许再踏进我的家门。”

恶霸无言以对，只好牵着马灰溜溜地走了。

这个恶霸要美貌女在“上马”与“下马”之间做出选择，如果美貌女说“上马”，他会下马，如果说“下马”，他又会上马，企图以此使美貌女陷入困境。美貌女看透了他的伎俩，将计就计反问一句，要求他在“进门”与“出门”之间做出选择。说“进门”她会出门，说“出门”她会进门。所以对方也就哑口无言了。

当你在无法说清楚这件事情的时候，就必须学会借事说事。还有一个故事，也是说这个道理。

清朝有个县官非常卑鄙，凡是来打官司的人如果不给他钱，就会被他打得死去活来。百姓是恨透了他，可是对他又没有什么办法。

看到这种情况，当地有个著名的艺人就决定小小地整治一下这个万恶的县官。于是，一出大戏就开始排练了。演出那天，艺人特意去县衙将县官请来看戏。

没想到，这个县官看到演的是他，当时就火了！没等戏演完，就回到县衙，命令衙役把这个艺人传来，准备狠狠地打他一顿。那个艺人听说县官传他，不慌不忙，穿上了龙袍，大摇大摆地跟着去了，县官一见艺人带到，把惊堂木一拍大喝道：“大胆刁民，见了本官为何不脆？”

艺人指了指身上的龙袍说：“我是皇帝，怎能给你下跪？”

“你是在演戏，分明是假的！”

“既然你知道演戏是假的，为什么还要把我传来审问？”

一句话，把县官问得哑口无言，县官气急败坏地看着艺人大摇大摆地走出了县衙。人们在后面痛快地拍手叫好，并且都大声地咒骂着戏里的那个恶县官。

如果你硬要把自己的想法塞入别人的脑袋里，岂不是表现得十分愚蠢？提出你的想法，然后让别人自己去琢磨事情的原委，这么做不是更聪明些吗？那么，如何才能用借事说事来说服对方呢？没有人愿意在觉得自己被强迫接受或违背意愿的情况下行事。人人都希望一切是出于自愿，或是按照自己的想法在做事。如果你想说服某个人，你可以试着借事来说事，通过提醒和点拨，让他自己领悟到这件事就该这么办。只要他觉得这件事是自己内心所想，那么大多也就事成了。

伽利略年轻时就曾立下雄心壮志，要在科学研究方面有所成就。但因为家中条件有限，如果想学科学，就要缴纳昂贵的学费，必须得到父亲的支持和帮助。而父亲又希望他能继承家业，在神权当道的时代，科学就是异端。聪明的他，正是使用借事说事的方法巧妙地说服了父亲。

一天他问父亲：“父亲，我想问您一件事，是什么促成了您同母亲的婚姻？”

“我看上她了，她是我的女神。”

伽利略又问：“那您有没有娶过别的女人？”

“没有，孩子。家里的人要我娶一位富有的女士，可我只对阿玛纳蒂姑娘钟情，也就是你的母亲，她从前可是一位美丽迷人的姑娘。”

伽利略说：“您说得一点儿也没错，她现在依然充满魅力。您没曾娶过别的女人，是因为您爱的是她。您知道，我现在也面临着同样的处境。除了科学以外，我绝对不可能再选择别的职业，因为我爱的正是科学。别的对我而言，毫无用途也毫无吸引力！难道您要我去追求财富、追求荣誉？科学是我唯一的需要，我对它的爱有如您对母亲的倾慕。”

父亲说：“像我那样？你怎么会这样说呢？”

伽利略说：“一点儿也不错，亲爱的父亲，我已经18岁了。别的学生，哪怕是最贫穷的学生，都已想到自己的婚事。可是我从没想过这方面的事。我也不曾与人相爱，我想今后也不会。别的人都想找一位美丽富有的姑娘作为终身伴侣，而我只愿与科学为伴。”父亲始终没有说话，仔细听着。

伽利略继续说：“亲爱的父亲，您已经实现了您毕生的愿望，和你心爱的女人生活在一起。为什么您不能帮助我达成自己的愿望呢？我一定会成为一位杰出的科学家，获得教授身份。我能够以此为生，而且比别人生活得更好。”

父亲为难地说：“可我没有那么多钱供你上学啊！”

“父亲，您听我说，很多贫穷的学生都可以领取到奖学金，我为什么不能去领一份奖学金呢？您在佛罗伦萨有那么多的朋友，您和他们的交情也都不错，他们一定会尽力帮助您的，您的朋友只需去问一问公爵的老师就行了，他了解我，知道我的能力。”

父亲被说动了：“你说得有理，这是个好主意。”

伽利略抓住父亲的手，激动地说；“亲爱的父亲，我向您表示感谢之情的唯一方式，就是我一定会成为一位伟大的科学家。”

伽利略最终说动了父亲，他也通过巧妙地取得父亲的同意，实现了自己的理想，成为一名伟大的科学家。

人人都希望一切是出于自愿，或是按照自己的想法在做事。如果你想说服某个人，你可以试着借事来说事，通过提醒和点拨，让他自己领悟到这件事就该这么办。只要他觉得这件事是自己内心所想，那么大多也就事成了。

轻松地谈重要的事

在商业谈判中，如果不是需要谈许多次，双方往往只在一个地方谈，而这种场合往往是很正规、很严肃的。虽然在这种场合会令大家精力集中，效率很高，然而时间一长，这种场合的沉闷、压抑气氛就会显示出来，随之出现的就是谈判人员的情绪烦躁不安，这样往往对谈判结果的最终达成非常不利。

此时，如果你希望谈判能够继续下去，可以换一个轻松、愉快的环境，去轻松地谈重要的事。

杜兰特是美国一家汽车公司的著名推销员，他几乎每年都会为公司推销出去上千辆汽车。他说："现代人在工作中总是处于一种循规蹈矩的状态，所以总是想找机会放松一下自己。可是工作的压力却让他们身不由己。所以，在推销汽车时，我就会想办法尽量满足他们这个心理。"

他说第一次发现这个战术的神奇效果，是在做推销的第二年夏天。那天，他接到一个电话，是前几天刚看过汽车的客户洛内特打来的。洛内特希望这次无论如何，都得和杜兰特谈成，因为马上上任的新工作需要他开自己的车去上班。于是，杜兰特准备好了一切资料，去洛内特的办公室商谈。

可是，两个人从午饭后谈到下午下班，都没有谈出个结果，而洛内特这时精神已经很萎靡了。最后，洛内特生气地说："如果今天还谈不成，我决定换家公司去买车。"

听到洛内特的最后通牒，杜兰特也很烦躁，因此提议双方去酒吧谈。洛内特同意了，正好去轻松、消遣一下。

到了酒吧里，洛内特和杜兰特开始天南地北地聊了起来，因为没有时间限制，双方渐渐忘记自己还有笔生意要谈。就这样，轻松愉快的气氛出现了。

聊了很久其他事之后，杜兰特说："对了！我们的汽车生意还没谈成呢！"

而洛内持也猛然想起："好的！现在我们继续谈！我觉得这里的气氛很好，虽然不怎么适合谈判。不过在这里心情愉快，我们的谈判应该会很顺利的。"

杜兰特也说："希望如此！好啦！我们再讨论一下刚才的分歧，然后再各自好好想想，争取今天拿出个令我们双方都能满意的结果！"

就这样，双方一点儿没有剑拔弩张，而是很和气融洽地聊了半天，杜兰特说："好了，就那样吧！按你说的办吧！总是为那点儿钱扯来扯去的，多没意思！"

就这样，之前双方历经五次谈判都没有成功，可是换了个地方就顺利地搞定了。

杜兰特总结道："我觉得这是一个很好的谈判方式。所以，如果我和客户在某个地方谈烦躁了，我就会建议换个地方。这样我们的心情就变了许多，不再像之前那样针锋相对。"

当我们的谈判无法继续下去时，你也可以试着建议换个环境去谈，尽可能地选择一个非正式的环境。在这种轻松的环境下，很容易建立起信任和坦率的氛围，对于双方重新建立一种合作关系很有帮助，能较为容易地使大家意见合一。

这个策略的价值就在于：避开正式的、严谨的、刻板的谈判场所，把谈判转移到一个轻松的、和谐的、愉快的环境中。心情清爽，自然就不会有太多的对立情绪产生。

有一位老板到伦敦出差，想在报摊上买份报纸，发现没有带零钱，只好给报贩递过一张10元的整钞，说："找钱吧。"谁知报贩很不高兴地说道："先生，我可不是在上下班时来替人找零钱的。"等在马路对面的朋友想换种说话方式，去碰碰运气。于是他走了过来，微笑着对报贩说："先生，我是从其他城市来的，想买份伦敦的报纸，对不起，但我只有一张10元的钞票，不知你是否愿意帮助我解决这个困难呢？"结果，报贩毫不犹豫地把一份报递给了他，并且友好地说："拿去吧，等有了零钱再给我。"后者的成功在于礼貌待人、和言暖人心，所以赢得了对方的善意。

商战中的谈判更加离不开和"言"悦色。

某知名跨国企业与我国一家企业洽谈合资经营产品。外方不顾及合作方的利益，自恃其设备先进，以保护专利权为名漫天要价。

我方谈判代表在谈判中的一席话给其重重一击。他说："中国是个文明古国，我们的祖先在一千多年前就将指南针、造纸术、印刷术和火药这四大发明无条件地贡献给全人类。而作为他们的子孙后代，我们从未埋怨祖先不要专利权是不明智的。现在我们在与你方的谈判中，并不要求无条件地转让专利权，只要价格合理，我们一个钱也不会少给。可是，你方在谈判中诸多阻挠，使得我们很是怀疑你们谈判的诚意到底有多少！"

中方负责人不卑不亢的精彩发言，赢得了对方由衷的赞赏，最终促成了两家企业的携手合作。

一位专家曾这样说："一个聪明睿智的人应该对任何人都不说威胁之词，不发辱骂之言，因为二者都不能削弱对手的力量。威胁会使他们更加谨慎，使得谈判更艰难；而辱骂会增加他们的怨恨，并使他们耿耿于怀，以言辞伤害你。"

在商谈中，即使受了对方不礼貌的过激言辞的刺激，我们也应自始至终保持头脑冷静，尽量以礼貌的言语表述自己的意见，不仅语调温和，而且遣词造句也应适合谈判场合的需要。尽量避免使用极端用语，如“就这样定了，否则自己看着办”。这些话会激怒对方，从而把谈判引向破裂的边缘。

志明是一名推销新手。一次，他向一位年轻女士上门推销彩电。女士开门后，志明就滔滔不绝地吹嘘自己厂家的彩电的好处，还对女士的家居大加评价，女士一句话都插不上，有时想说几句却又被志明的话题抢了。最后女士发怒地说：“我不是你的客人！”一气之下便将志明赶出了房门。

对于推销员来说，一开口既能体现他们的内在修养，也能反映出他们的整体素质，这就需要说话得体。志明说话不懂得迎合顾客的需要，所以接到了顾客的“逐客令”。

刘小军也是一名推销员，他的说话方式却与志明完全不同。一天，他一如往常地把芦荟精的功能、效用向一位顾客进行讲述，但没有勾起这位顾客的购买欲望。正当刘小军准备告辞时，突然看到顾客家阳台上摆着一盆精美的盆栽。

于是，刘小军便恭恭敬敬地向顾客请教道：“这么漂亮的盆栽，市场上都很少见。它是特别品种吗？”顾客自豪地说：“确实非常罕见。这种植物叫嘉德丽雅，是兰花的一个非常珍贵的品种，它美在那种优雅的风情。”

“的确如此。我想它一定很昂贵吧？”刘小军接着问道。

“是的。仅这一盆就要8000元呢！”顾客从容地说。

刘小军故作惊讶：“什么？8000元……”

“芦荟精也不过180元，这个顾客应该可以成交。”刘小军暗想。于是，他把话题重点慢慢地转入了盆栽上：“这种花每天都要浇水吗？”

“是的，它需要精心的呵护。”

“那么，您对这盆花的感情一定很深了，它也算是家中的一员吧？”这位顾客觉得刘小军言语得体，便开始向他传授有关兰花的学问。

刘小军聚精会神地听着。

聊着聊着，刘小军慢慢地把话题转到了自己的产品上。他说："太太，您这么喜欢兰花，一定对植物很有研究。您肯定是一个高雅的人。您肯定也知道植物给人类带来的种种好处，带给您的健康和喜悦。我们的产品正是从芦荟里提取的精华，是纯粹的绿色食品。太太，今天就当作买一盆兰花把天然食品买下来吧！体会一下天然食品的功效！"

这名顾客欣然同意了。她一边打开钱包，一边说道："小伙子，你真是有心人！即使是我丈夫，也不愿听我唠唠叨叨讲这么多。而你却愿意听我啰嗦，还能够理解我这番话，你的产品我买下了。希望改天再来听我谈兰花，好吗？"

只要说话得体，能站在顾客的立场上考虑问题，了解顾客的心情，使顾客喜欢，就不必担心推销不出自己的产品，更不必担心自己的要求不能达到。

避开正式的、严谨的、刻板的谈判场所，把谈判转移到一个轻松的、和谐的、愉快的环境中，心情清爽，自然就不会有太多的对立情绪产生。

把话说到人心坎儿里

老话说："人心都是肉长的。"只要是人，都是可以被感动的。有这样一个女人，曾以她非凡的感召力改写了近代欧洲的历史。她就是拿破仑的初恋情人欧仁妮·克莱蕾。

1815年，拿破仑兵败滑铁卢之后，反法联军对法国临时政府发出了最后通牒："停止抵抗，将拿破仑驱逐出法国，否则将血洗巴黎。"法国临时政府同意了这一要求，但一代枭雄拿破仑却决心孤注一掷，再次与反法联军决一死战。

巴黎处在危急之中，有人突然想起了欧仁妮·克莱蕾，认为让她出面说服拿破仑也许能挽救危机，救巴黎于水火之中。当年由于政治的需要，拿破仑放弃了纯真的爱情，与有着政治背景的约瑟芬结为夫妻，曾使年轻的欧仁妮·克莱蕾痛不欲生。正当她欲跳进塞纳河自尽之时，拿破仑手下的大元帅贝纳多救了她，并与她结了婚。

但，拿破仑对她一直怀有深深的爱恋之情。

当欧仁妮·克莱蕾出现在拿破仑面前时，人事沧桑，今非昔比的感慨深深刺痛了拿破仑高傲自负的心。欧仁妮·克莱蕾看着动情的拿破仑，没有用过激的言词去刺痛他，而是与他一起回忆当年充满温情的甜蜜岁月，终于使得拿破仑那早已泯灭的热爱和平的愿望重又出现，而一切不合实际的狂热妄想在欧仁妮·克莱蕾的宽容大度面前彻底地冷却了下来。他拔出了在滑铁卢战役中使用的战剑，交给欧仁妮·克莱蕾，表示放弃战争，接受命运的安排。

强如拿破仑这种叱咤风云的人物，都能被说在心坎上的话所融化，更何况其他人了。

在交际中，人们难免会遇到难办的事。这时候，一般中国人都喜欢去讲情。那么，怎样讲情会取得更好的效果呢？那就是把话说到对方心里，触发对方的恻隐之心。

要触发对方的同情之心，一般情况下女性是有性别优势的，她们所下的功夫要比男性少得多。

在1930年美国经济大萧条时期，有一位17岁的姑娘好不容易才找到一份在高级珠宝店当售货员的工作。在圣诞节的前一天，店里来了一位30岁左右的顾客，他衣衫褴褛，一脸的悲哀和愤怒，他用一种不可企及的目光，盯着那些高级首饰。

姑娘要去接电话时，一不小心，把一个装有首饰的碟子碰翻，6枚精美绝伦的金戒指落到地上，她慌忙捡起其中的5枚，但第六枚怎么也找不着。这时，她看到那个30岁左右的男子正向门口走去，顿时，她想到了戒指在哪儿。当男子的手将要触及门柄时，姑娘柔声叫道："对不起，先生！"

那男子转过身来，两人相视无言。

"什么事？"他问，脸上的肌肉在抽搐。

"先生，这是我头一回工作，现在找个事儿做很难，是不是？"姑娘神色黯然地说。

男子长久地审视着她。终于，一丝柔和的微笑浮现在脸上。

"是的，的确如此。"他回答，"但是我能肯定，你在这里会干得不错。"停了一下，他向前一步，把戒指还给她。

"我可以为您祝福吗？"

他转过身，慢慢地走向门口。

姑娘目送着他的身影消失在门外。

姑娘成功地要回了男青年拾去的第六枚戒指，关键是她在尊重谅解对方的前提下，以“同是天涯沦落人”的凄苦言语博得了对方的真切同情。“这是我头一回工作，现在找个事儿做很难。”这句真诚朴实的话语，却饱含着惧怕失去工作的痛苦之情，也饱含着恳请对方怜悯的求助之意，终于触动了对方的内心，对方也巧妙地交还了戒指。试想，如果这位姑娘呵责怒骂，甚至叫来警察，也可能会找回戒指，但姑娘的“饭碗”保得住吗？

可见，我们在说话的时候，一定要有分寸，要让每句话产生巨大的力量，在对方的心里激起波澜，彻底打动对方，帮助我们把事情办成。

而言之，要想在办事时求人顺利，就要清楚地了解别人心里所想，尽量把话说到对方的心里去，以求得到对方的好感。

有这样一句话，那就是“赞扬能使羸弱的躯体变得强壮，能给恐惧的内心以平静和信赖，能让受伤的神经得到休息和力量，能给身处逆境人以务求成功的决心”。一个人受到赞扬后的行为，要比受到了训斥后的行为更为合理，更为有效。关于赞扬为何能促使人类获得提高，这在科学上尚未完全搞清楚。不过，赞扬确实能使人释放出某种能量来。

你如果通过真诚的赞扬来激励对方，来给对方打气鼓励的话，那么你就得到对方发自内心的真正接受。你的话就能说到对方的心坎儿。赞扬之于人心，犹如阳光之于万物。在我们的生活中，人人都需要得到赞扬。这是出于人的自尊需要。经常能听到真诚的赞美，感到自身的价值获得了社会和他人的肯定，有助于增强自尊心、自信心。

最有效的赞扬不是“锦上添花”，而是“雪中送炭”。最需要赞扬的不是早已美名扬天下的人，而是那些自卑感很强、被他人错当成“丑小鸭”的“白天鹅”。他们平时很难听到一声赞扬，一旦被人当众真诚地称赞，就有可能自信心倍增，精神面貌焕然一新。对于任何一个最值得赞扬的人，你都不应只关注他身上早已众所周知的明显长处，而应是那些蕴藏在他身上，尚未引起重视的优美。

这种赞扬，为进一步促使他潜在的智慧与力量开辟新领域提供帮助，有助于他在攀登事业高峰的征途上更上一层楼。

作为丈夫，当你下班后走进家门，看见妻子已经为你准备好了晚餐，你只要深情地望她一眼，说一句“谢谢老婆，看到桌上的菜我就饿了”，她一定会心花怒放的。倘若你酒足饭饱之后才说一句“你今天回来得真早”，这时的效果，已经是雨后送伞了，她还能感受到你那份真挚的亲情吗？

一位普通的下属住院了，上司亲自去探望时，说了这样一番话：“平时你在岗位的时候，感觉不出来你做了多少贡献，现在没有你在岗位上，就觉得工作没了头绪、慌了阵脚。你一定要安心把病养好！公司等着你继续做出更大的贡献呢！”

你把下属当成自己的左膀右臂，让下属也认为自己很重要，这样的赞扬又怎能不赢得他的人心呢？

我们在说话的时候，一定要有分寸，要把话说到别人心坎儿里，要让每句话产生巨大的力量，在对方的心里激起波澜，彻底打动对方，帮助我们把事情办成。

说出老板的信任

在职场中，在与老板沟通的时候，我们应当具备一定的交际能力和肢体语言技巧，同时还要设身处地地理解老板。作为员工，与老板打交道是常事。大部分员工的感受都是“伴君如伴虎”，老板在员工心中永远都是不可捉摸的，无法猜透其意图。于是，员工总是战战兢兢，缩手缩脚，如履薄冰。其实，并非“老虎的屁股摸不得”，而是在于怎样“摸”，这就要求我们员工掌握与老板沟通的语言技巧。

在与老板沟通的过程中，我们首先要注意的是，不要猜测老板的想法。所谓“老板心，海底针”。他们在想什么，不是我们所能揣度的。再者，老板毕竟是老板，在管理员工或者下属的时候，他还是希望员工不要随意猜测他们的想法，这是因为，如果有哪个员工这么做的话，就有可能扰乱军心，导致老板的管理工作出现障碍。所以，千万不要妄图猜测老板的那颗心。

《三国演义》里有曹操怒斩杨修这样一段故事。

曹操屯兵时间长了，打算出兵，但被马超据守；打算收兵，又怕被蜀兵笑话。所以，曹操心里一直犹豫不决。正在万分纠结之际，侍从端上来一碗鸡汤，曹操看见碗里有鸡肋，于是心有所感。正在思考的时候，夏侯惇进入帐内，询问夜间巡夜的口令。曹操立刻随口说道：“鸡肋！鸡肋！”夏侯惇就把这个口令传给了军士们，都说“鸡肋”。

杨修听见传的口令是“鸡肋”的时候，就命令随行的将士开始收拾东西，准备回去。于是就有人把这件事告诉了夏侯惇，夏侯惇把杨修找来，询问原因。杨修说：“从今天晚上的口令就能看出来魏王很快就会退兵。鸡肋，吃了没肉，丢弃了又可惜。今天进攻如果失败了，就会遭到他人的耻笑，在这里呆着没有什么好处，倒不如早早回去。不久，魏王就会班师回朝的，所以，提前收拾行李，免得到时候慌张。”

夏侯惇听他这么一说，也立刻收拾行李。于是，军寨里的士兵没有一个不收拾行李准备回去的。这天晚上曹操心烦意乱，出去散步。看到夏侯惇等将士正在收拾行李，曹操很吃惊，连忙问夏侯惇为什么这么做。夏侯惇说：“杨修知道您的意思。”曹操立刻把杨修叫来问为什么，杨修便把鸡肋的意思告诉了曹操。曹操大怒：“你怎么敢造言，乱我军心！”便命人把杨修拖出去斩了。

由这个故事可以看出曹操只是犹豫不决，以“鸡肋”作为夜间的口令，但并没有下令退兵的意思，但杨修自认为洞察了曹操的真实意图，便自作主张，这无疑是视领导权威于不顾，是其罪之一；大军初败，军心、士气为重，而杨修这么做等于是扰乱军心，是其罪之二。

不要用我们自己的想法去揣度老板的想法，更不要去预测老板的想法，或者，你预测出自己老板的意图也千万不要说出来。猜测对了，可能不会被老板责备，但如果猜测错了，就有可能断送自己的大好前程。

在与老板的沟通中，我们还需要注意沟通的灵活性。

没有哪位老板喜欢下属在办公室盛气凌人，那样只会让他感受到威胁，如果以后想要升迁几乎就不可能了。所以在与老板进行语言沟通的时候，要学会表达自我，语言清晰，声音洪亮，通俗易懂，意思明确，不要装腔作势。

我们从三岁开始学说话，但是有的人到了三十岁还不会说话。如何才叫会说话呢？会说话者，话语动听，词能达意。通过说话的过程，他们能给老板留下一个很好的印象。在与老板进行沟通的时候，善于说话的技巧就显得格外重要。因为，老板掌握着员工的“生杀大权”，要是一不小心说错了话，后果可能会很严重。

与老板交流沟通的时候，千万要记得要让老板自己说出决定。李敏年轻干练，性格也很开朗，入行没几年，职位不断升迁，不多久便成为单位里的主力干将。一天，公司的新老板走马上任，刚坐下没多久，就把李敏叫到办公室说：“李敏，你的工作经验丰富，能力又强，这里有个新项目，你就多费心盯一盯吧！”

受到新老板的重用，李敏欢欣鼓舞。新项目需要做一系列广告用品，李敏找了很多家之后，发现了一家物美价廉的广告公司A，但是自己公司以前都是和另一家广告公司B合作。李敏分别与两家公司进行了更为细致的沟通后发现，还是和A公司合作比较合算。

李敏想好后，并没有直接去办理。她觉得这个项目虽然都是由自己负责，但是这些事项还是需要向老板汇报一下。她来到老板的办公室，向老板汇报道：“老板，我们这个项目需要做一些广告宣传用品，我们以前合作的那家广告公司B价格不合理，服务也不是很好，我找到一家物美价廉、很符合我们此次项目合作要求的广告公司A……”在将两家广告公司的基本情况进行了一系列分析比较之后，李敏说：“所以，老板，我决定选择A公司。”说完这句话，李敏发现老板的脸色不太好，老板生硬地说：“我觉得我们以前合作的那家广告公司不错，你们还是继续和B公司合作吧！”李敏愣住了，让她想不明白的是，一个合情合理的建议竟然就这样被打回去了。

李敏凡事向老板汇报的意识是正确的，错就错在她不会说话。她不该说“我决定……”，在老板面前做老板应该做的决定，就是无视老板的权威和尊严。所以，“我决定……”句式是与老板沟通过程中的禁忌。

那么，与老板的沟通过程中如何说话才是会说话呢？

假如，李敏这样说："老板，我们有两家公司可供选择，各有利弊。我个人倾向于选择A公司，但我做不了主，您经验丰富，您看选择哪家公司比较好？"老板听了以后，一定会愿意做个顺水人情，随了李敏的愿，选择A公司。

总之，在与老板沟通的时候，一定要注意说话的技巧。不要盲目地同老板沟通，也不要毫无原则地与老板沟通，否则会让老板产生厌烦感，从而使我们自己的人生发展受到限制。所以，一个人在职场上应当注意同老板沟通中的说话技巧，才能保证自己的职业生涯乘风破浪，一帆风顺。

在与老板沟通的时候，一定要注意说话的技巧。不要盲目地同老板沟通，也不要毫无原则地与老板沟通，否则会让老板产生厌烦感，从而使我们自己的人生发展受到限制。

锻炼自己的“踢球”能力

一般来说，在势均力敌的情况下，用“以牙还牙”的方法，确实能够震慑对方，让对方回到以真诚、平等为基础的谈判桌上来。但是如果双方实力相差太多，“以牙还牙”的方法就很难达到效果了。

“以牙还牙”可以作为一种手段，迫使对方撤回曾实施的不恰当行为。但是，无论如何，运用“以牙还牙”战术，都必须先权衡利弊，看看自己取得胜算的把握有多大。

其次，还要看你刺激的部位是不是对方的要害或关键部位。如果仅仅伤到对方的“皮毛”，不会让对方感到紧张和害怕，就没有必要采取这种方法了。因为这样不仅起不到作用，还会破坏你们谈判的根基。

因为，我们衡量对错、利益得失的标准不是眼前的利益，而是长远的利益，不是局部的利益，而是全局的利益。

曾经在周总理应邀访问苏联时，在与赫鲁晓夫会晤中，周总理严厉地批评了他全面推行修正主义政策的错误。可是，狡猾的赫鲁晓夫不正面回答，而是把当时在我国十分敏感的阶级出身问题作为“武器”为难周总理。

赫鲁晓夫说：“你批评得很有道理。但是你应该同意，我出身于工人阶级，而你却出身于资产阶级。”本来周总理的话是在替赫鲁晓夫说话，可是他却如此“不识抬举”，这些话让周总理很是恼火。但周总理却没有发作，而是在停顿了几秒钟之后回答：“没错，赫鲁晓夫同志。但是我们却有一个共同的特点，那就是我们都背叛了各自的阶级。”

就这样，周总理出其不意地将皮球再次踢给赫鲁晓夫。此言一出，不仅令赫曾晓夫极其尴尬，甚至在东欧各个共产主义国家中传为美谈。

像周总理这样的谈判高手，毕竟不多见。他一个巧妙的“踢球”，不仅达到“以牙还牙”的效果，还让对方大失颜面。“踢球”的技巧，也可以运用到自己无法回答甚至不愿意回答的问题上。

我国一位著名的电影演员到日本进行访问活动时，日本的一些记者只对这个演员的私人生活比较关心，得知这位演员已经快30岁仍然没有结婚，就问：“您已经快到30岁了，打算什么时候结婚？”

这位演员并没有因为是非常私人的问题而恼怒，只是微笑着说：“如果我结婚的话，就到日本来度蜜月。”这一回答十分巧妙，把“在何时结婚”的问题变成了“在何地度蜜月”的问题，巧妙地避开了她不想公开正面回答的问题，记者也就不好再问下去了。

美国前总统里根在某学校演讲的时候，有一个法律系的学生问里根：“您在大学读书的时候，是否期望过自己有一天会成为美国总统？”

里根显然没有预料到学生会提出这样的问题，但这位政治家颇能随机应变，只见他神态自若地答道：“我学的是经济学，同时我也是个球迷。可是在我大学毕业的时候，美国的大学生约有1/4找不到工作，所以我只想先找个工作。于是，我当了体育新闻广播员，后来又跑去好莱坞当演员，这是五十多年前的事了。但是，我今天能当上美利坚合众国总统，我认为我大学时所学的专业帮了我的忙，热爱体育帮了我的忙。当然，一个演员的素质也帮了我的忙。”

里根的回答回避了问题的实质，但又围绕着提问而展开，较好地回避了对方的难题。轻巧地将对方的问题“踢开”，不至于使自己陷入尴尬中。

具体的“踢球”形式灵活多样，有时可以直接说出连对方也无法继续问的“避答”理由，有理有节地推开话题。当对待那些荒唐的、强人所难的问题时，也完全不必硬着头皮去寻找“正确”的答案，巧言以对，将“错”就错，同样会取得好效果。

说“蠢”话，让“聪明人”开口，顾名思义，就是把自己假装成愚笨、无知的人，然后借此反衬对方的机智、渊博、成熟，从而让对方有一种自豪感、骄傲感，满足对方的虚荣心。

为什么人们要这样做？每个人都希望自己是聪明的，并且这种心理会促使人们尽可能地要把握一切机会来表现自己的与众不同，包括那些所谓的“智者”。

当你遇到对方根本就不想告诉你处理某件事的正确方法时，你就可以运用这种办法，去激发、引诱对方，把他的话“套”出来。另外，这种方法也可以刺激那些不善言辞的人张开金口，让我们从中得到自己需要的信息。

美国前总统胡佛除了正式场合不得不发表政见之外，很少在一般的公开场合发表自己的政治立场。而且，尤其讨厌记者们无休止的纠缠。

在胡佛就任总统之后，有一次坐火车去其他城市考察，他不得不和随行的记者们挤在一个车厢里。正好有位记者就是某报政治新闻专栏的，自然很想得到第一手关于胡佛的政见资料。

可是，他却发现胡佛根本无意与自己交谈，即便好心问候，他都懒得理会，始终坐在那里思考自己的事情。

失望沮丧的情绪笼罩在这个记者头上。忽然，他发现火车车窗外出现了一片新开垦的土地。于是，记者灵机一动，假装自言自语地说：“真想不到，都什么年代了，这里还用锄头开垦土地”。

这句“胡说八道”的话真的触动了胡佛那紧紧关闭的话匣子。他说：

“这里的庄稼早就开始用现代化机器来耕种了。你不信，看那边……”接着，胡佛就和这个记者大谈起现代农业与垦殖问题。就这样，记者巧妙地得到了自己想要的东西。

随后没多久，一篇关于胡佛谈论美国农业垦殖问题的新闻就上了报。而这也是唯一一位“打开”胡佛话匣子的记者。

绝大多数记者东拉西扯，绞尽脑汁都没能让胡佛正经地理会过一次。可是，这名记者一句“愚蠢”至极的话，却让胡佛自投罗网，主动发表了他对农业垦殖的见解。

所以，在说服某些重要人物时，我们尽可以装得“笨”一些，或者故意把自己“变”得很笨，引发他们纠正的兴趣。比如你想让对方教你某方面的知识，可是对方非常清高，不屑于给那些比自己差的人讲解。假如你故意提出某个错误的观点，对方就会忍不住地纠正你所犯的“愚蠢”的低级错误。然后对方会说：“这怎么可能，你本该……”本来他不想帮助你改进的，可是由于好为人师的心理作祟，不断驱使他赶紧来帮助你。

所以，说“愚蠢”的话，其实就是变“踢球”为“抛球”，让“智者”大开其口，是一个很好的说服技巧，因为你会得到和“笨”成正比的收获。

在对方很难搞定或者不知从何下手时，灵活运用恭维话，通常能取得意想不到的效果。你也就巧妙地将对方“踢过来的球”轻松地卸掉了。如果你的恭维球能命中对方的球门，你的目的就达到了一大半了。

在说服某些重要人物时，我们尽可以装得“笨”一些，或者故意把自己“变”得很笨，抛出一个“愚蠢”的低级错误，引发他们纠正的兴趣，让“智者”大开其口，是一个很好的说服技巧。

不卑不亢地适时反击

领会说服别人的关键，在于我们的观点能不能得到对方的认同。如果，对方的气势咄咄逼人，让我们无法躲避，不要说说服对方，就连自己都会深陷其中而无法自拔。这个时候怎么办？记住，说服者在这时就应该全力寻找对方的破绽，准备适时反击。

齐宣王是个骄傲、虚荣的人。据《战国策》记载，有一次，齐宣王召见颜蠋就吃了个硬钉子。

齐宣王坐在王座上，露出骄横、蔑视的态度对颜蠋说："颜蠋，你走过来！"

颜蠋很不满，他也学着齐宣王那高贵而又不可一世的样子对齐宣王呼道："王，走过来！"

齐宣王大怒。

左右侍臣慌了，对颜蠋呵斥道："大胆颜蠋，王是人君，你是人臣。王叫你走过来，你就得走过来。你叫王走过去是什么意思？"

颜蠋不慌不忙地大声说："自然可以。我若走过去，是仰慕王的势力；而我呼王过来，则是让王表示趋奉贤士。我觉得与其让我做仰慕势力之事，倒不如让王做趋奉贤士的好君王。"

齐宣王尽管很想发作，但面对颜蠋这番爱君爱国的高论也不好说什么，一场危机就这么过去了。

反击能不能获得成功，关键就是要看是否准确地把握住反击的时机。同时，反击还应该注意对象。所以，“适时反击”战术不只是一种以退为进的防御手段，它同样可以成为你反败为胜的进攻手段。

林芬是一名保险推销员，虽然她家庭条件很好，但她仍然愿意挑战自己去搞推销，因为她把推销保险当作一个“很好玩的游戏”。

谈起第一次推销，她依然记忆犹新。那是林芬第一次找到工作，但是刚大学毕业的她很害羞，一个多月的时间里，她都没有真正地接触过客户。根据保险公司的规定，两个月之内，如果还没有签订一笔保险单，该职员就会被辞退。而林芬这时就有这种危险。

有一天，她去了一个高档写字楼，想试试有没有好运降临。她找到一家德资企业，从虚掩的门缝里，林芬发现房间里有人。于是，她就大胆地敲了敲门走进去了。坐在那里的是个外国人。林芬正在踌躇，是用英语问还是德语问好呢，对方抬起头来，冷冷地说了一句：“这么没有礼貌，怎么进来连个门都不敲？”接着又问，“你是做什么的，没看到我正在忙吗？”

林芬只好如实问答：“先生，我是保险公司的推销员，这是我的名片……”说着，林芬把自己的名片用双手送了过去。

可是，对方连看都没有看一眼，就放在了一边，继续冷冷地说：“我不需要，请你马上离开我的办公室！”

说话的机会都没有，林芬只好悻悻地离开了。在出门前，林芬不经意地回头看了一眼，就发现了一个让她受不了的动作—对方竟然把她的名片直接丢进了垃圾桶里。

林芬扭头说：“先生，不好意思！刚才你说过不需要保险，那么请把我的名片还给我。”

对方一听，当时就傻了，红着脸说：“刚才它溅上点儿咖啡，我就……”

“没关系，我可以擦一擦。因为上面有我的职业和名字，而且我相信它们都不是可以扔进垃圾桶的那种东西，对吧？”林芬不卑不亢地说。

“是的，小姐，我错了。那么，作为道歉，我向你买保险可以吗？并且我向你保证以后绝对不会发生这种事情了。”

就这样，林芬接受了道歉，并且签到了职业生涯中第一份保险单。

后来，林芬“教育”那些刚入行的同事时说：“我们做保险可能会遇到各种客户。如果想说服对方，就得有自己独有的办法。”

其实，“适时反击”的运用性是很强的，所有对你“不客气”的、故意为难你的人，都能成为你“反击”的对象，但是还需要记住一点，反击时要有理有节，万万不可以得理不饶人。这样你才能真正地让对方心悦诚服。

适时反击，最主要的是要能抓得住重点。在明朝的时候，南昌宁王自恃是皇族后裔，一天到晚只知道吃喝玩乐。而且，仗着他的身份横行乡里，百姓们都是敢怒不敢言。

有一次，他养的一只挂有“御赐”金牌的丹顶鹤独自跑到街上，被一条狗咬死了。他得知后，气得暴跳如雷：“我的鹤是皇上钦赐的，脖子上挂着‘御赐’的金牌，哪家的野狗竟敢太岁头上动土，这还了得！”

随即命令仆人去把狗的主人抓了来。狗的主人只是一个卖豆腐的普通百姓，吓得赶紧磕头认罪。但是，宁王却不肯原谅这个可怜的人，而是索要大笔的银子。这个人自然没有那么多银子，于是就被捆绑起来，送交南昌知府治罪，并要求以欺君之罪处罚狗的主人，用他的命给丹顶鹤抵命。

南昌知府叫祝瀚，是一个清官。他对宁王的胡作非为早已不满，就对宁王府的管家说：“既然此案交我处理，那么公事公办，请写个诉状来。”

管家也很是嚣张，咆哮着说这是很明显的案子，需要什么诉状，赶紧把那个卖豆腐的家伙给我斩了。祝瀚装作无奈地说：“我们吃皇粮的都不容易，按规矩办事，才能继续做下去，你老就委屈一下，哪有审官司，没有状子的？”

管家没有办法，只得耐着性子，写了个诉状。祝瀚接过诉状立即用力拍惊堂木说：“来人，给我把凶犯捉拿归案。”

管家忙说：“人已抓到，就在堂下。”

祝瀚故作惊讶地说：“状纸上明明写着杀死丹顶鹤的凶犯乃是一条狗，本府今日要审狗，你抓人来干什么？”

管家气急败坏地说：“狗不通人言，岂能大堂上审问？将它的主人绳之以法不就可以了吗？”

祝瀚笑道：“您不必生气，我想只要把诉状放在它面前，它看后低头认罪，也就可以定案了。”

管家跳了起来，怒气冲天地说：“你这个昏官，天底下可有哪条狗是识字的呢？”

这时，祝翰严厉地说道：“如果狗不识字，狗也就不能认识丹顶鹤脖子上的金牌，也就谈不上什么欺君犯上。如果狗不是欺君犯上，就不能处罚狗的主人。”

几句话把管家说得哑口无言，管家只好气呼呼地跑了。

祝瀚在与管家的论辩中，运用了逻辑判断的方式，通过肯定第一个条件命题的条件“狗不识字”，得出了肯定最后一个条件命题的结论“不能处治狗的主人”。逻辑严密，无懈可击。

20世纪90年代初，国际市场大量需要润滑油基础油，我国一家石油化工公司看准这一行情，不惜血本，按照国际标准生产出7种型号的润滑油基础油，打入国际市场后，销量大增。可是，好景不长，由于国际石油市场产量过剩，油价下跌，若继续坚持出口，公司将要亏损数千万元。面对危机，公司总经理认为，进入国际市场，我们是后起者，在强手如林的市场环境下，要挤进去很不容易，我们应该想办法站住脚。如果一遇到小风浪就退出来，那么，想再占领市场将会更艰难。他决心带领公司从夹缝中冲出去。为此，他亲自到一些欧美国家做市场调查，搜集市场信息，寻找合作伙伴，开辟新市场。

在美国密歇根，总经理找到美国著名的一家石油公司国际销售部。他自信地说："希望贵公司能买我们的产品。"对方经理不屑地说："你凭什么让我们把别的公司产品推掉，而买你们的产品？"总经理不卑不亢地列举了自己公司的四大优势：一，我们公司的产品质量是国际一流，有最好的信誉，这是其他公司难以匹敌的；第二，我们的货源充足，可以保证长期供货；第三，我们公司有自己的专用码头，保证交货及时，不会耽误商机；第四，我们有良好的售后服务，产品资料齐备，保证信守合同。除了谈到这四大优势，总经理还不紧不慢地告诉这家石油公司的那位经理："萨拉斯石油公司已经购买了我们的产品。"这无疑是最致命的一击。

萨拉斯石油公司在美国享有盛名，是世界500强。经理听说萨拉斯公司已购买了这家石化公司的产品后，立即放下架子，拿出诚意洽谈生意，并对公司的产品做了质量评定。经检验，润滑油基础油全部指标均超过国际规定的标准。他们很快向世界各地的分公司发放了准予购买的许可证。就这样，石化公司的产品获得了新的市场，在国际石油市场上占有了一席之地。

社会很现实，有时就算你表现得很软弱、值得同情，也没有人会理你，只有审时度势地在该反击的时候进行不卑不亢的反击，才能得到他人的尊重，毕竟这是一个弱肉强食的时代。

激将法的妙用

激将法主要是通过“隐藏”的手段让别人心甘情愿地做他本不想去做的事。用激将法进行说服有三种方式：一、故意贬低他，激起他的好胜心；二、吹胡子瞪眼，适当让他发怒，激起他的自尊心；三、装作不相信他，让他吐露真言。

对一些“敬酒不吃吃罚酒”的人，你就算磨破嘴皮，他还是会一意孤行、认定一条死理、硬往牛角尖里钻。你可以改变方法，突然给他一个强烈的反刺激，说不定能使你的说服“柳暗花明又一村”，得心应手地获得你想要达到的理想效果。

战国时期，晏子是齐国的丞相。当时，齐国有三位将军，分别是公孙捷、田开疆和古冶子。三名将军都勇猛异常，深受齐景公宠爱。但是这三人都非常傲慢，除了齐景公，谁都不放在眼里。

另外，当时齐国田氏家族势力越来越大，甚至威胁到齐景公的统治。田开疆正是田氏一族的人。所以，晏子很担心这三个亲如兄弟的将军结盟为田氏效力，从而威胁皇权，于是想用计除掉他们。正值鲁昭公来齐国，齐景公设宴款待。当时在场的还有鲁国的叔孙培、晏子以及田开疆等到三位将军。三位将军都佩着剑站在堂下，态度十分傲慢。

晏子一看有机会，就不露声色地说；“园中的桃子已经熟了，摘几个来给二位国君尝尝鲜吧！”接着又说，“这种桃子结果非常少，还是我亲自去摘吧！”

不一会儿，晏子就端着六个桃子走上殿来。恭敬地献给两位国君一人一个。然后晏子和叔孙培也各吃了一个。接着，晏子说：“现在还有两个桃子，大王不如让三位将军都说说自己的功劳，然后看谁功劳大，就赏给谁吃。”

齐景公同意了。公孙捷抢先说：“当年，我和大王上山打猎，忽然一只老虎向大王扑来，是我用尽全力杀死它，救了大王。这样的功劳，还不该吃个桃吗？”

晏子说：“确实够！你吃一个吧！”于是公孙捷拿过桃子就要吃。

可是，古冶子却喊道：“打死只老虎有什么了不起的！当年，我护送大王过黄河，有一条大鱼咬住了大王的马腿，把马和大王拖到激流中去了。是我跳到河里把它杀死救了大王。我也应该吃个桃！”

齐景公说：“确实是这样的！应该吃！”晏子一听，赶紧把最后一个桃给了古冶子。

田开疆一看桃没了，十分着急地说：“当年，我奉命讨伐徐国，吓得他们称臣纳贡，好几个小国也来归附我们。这样的大功，难道就不能吃个桃子吗？”

晏子一听，忙说：“没错！田将军的功劳最大了。可是桃子已经没了，那么就请喝杯酒代替吧！等树上的桃熟了，再请你吃。”

齐景公也说：“是啊！你功劳最大，可惜晚了。”

田开疆一手抽出宝剑，气呼呼地说：“杀条大鱼、打只老虎，就能吃到桃子，我出生入死，为国效力，却吃不到一个桃子。在大王面前受到这样的羞辱，我还活个什么劲儿？”说完挥剑自刎了。

公孙捷一看，大吃一惊，也拔出剑来说：“我功劳小，却吃了桃子，真是不害羞！”说完，也自杀了。

古冶子激动地说：“我们三人是兄弟，现在他们死了，我也不活着了！”说完也拔剑自刎了。

就这样，三个威震天下的将军因为两个桃子，都死了。虽然这三个人勇猛无敌，但是碰上了晏子这招绝妙的激将法，他们也只有死路一条。

激将法的基本原理就是激起对方的好胜之心。此时，对方往往会因逞一时之气而失去理智，做出傻事来。

激将法对于头脑冷静的人来说，并不会起什么作用。所以，在说服他人时，事先对对方要有相当的了解，对于头脑冷静的人，不要随便用激将法进行说服。

人际交往没有固定的模式，说话办事在方法上也绝不能死套一个模式，应该随着办事的对象及其思想的变化而变化。对于有些人，只要动之以情，晓之以理，以诚相待，就可以打动他。但这样的方法适合于这个人这件事，但不一定适合于所有人所有事。在同样情况下，另外一些人可能就会“敬酒不吃吃罚酒”，你磨破嘴皮，他就是不答应你的请求。所以，对于这些人，我们就需要采取一些不同寻常的策略，比如说激将法。我们不妨改变策略，突然给他一个强烈的反刺激，用超常的手段去激励他，说不定事情就会“柳暗花明又一村”。

故意贬低对方，看不起他，说他不行，借以激起对方求胜的欲望，通过这些刺激使其超水平发挥自己的能力，从而达到你所追求的目的。这就是激将法的奥义。

当年马超领兵攻打葭萌关时，诸葛亮告诉刘备，只有张飞、赵云二人是马超的对手。刘备建议让张飞去迎战。诸葛亮说：“主公先别说话，让我去激激翼德。”

二人正在谈话的时候，张飞主动请缨去迎战马超，诸葛亮却假装没有听见，只是故意对刘备说："马超智勇双全，我军中无人能敌，除非往荆州唤云长回来，方能对敌。"

果然，张飞大叫道："军师为何小瞧我？我也曾一人独挡曹操百万大军，难道还畏惧马超这个匹夫？"

诸葛亮笑着说："你在当阳拒水断桥，是因为曹操不知虚实，他若知道虚实，你岂能占到便宜？马超在西凉英勇无比，他渭桥之战差点儿杀了曹操，我看就是云长来了也未必能胜得了他啊。"

张飞哪能吃得了这种"激将"，当下立誓要斩马超于马下。

诸葛亮见激将法起了作用，便见机点头答应了。张飞得令，与马超在葭萌关下酣战了二百多个回合，当时虽未决出胜负，却使马超产生敬畏之心。几天后，马超便率数万西凉骑兵归顺了刘备。

激将，就是在某些环境和条件下，当有的人的自尊心受到了别人压抑或者由于遭受挫折、犯了错误，以及其他各种原因而产生了自卑感，我们用普通方法不能使他振作起来，接受我们的意见和主张，我们就故意贬低他，刺激他，从而把他的自尊心、自信心激发起来。

运用激将法，一定要根据不同的交谈对象，采用不同的激将法，才能得到满意的效果。犹如治病，要对症下药，才能有疗效。如把药下错了，或是于人无益，或是置人于死地，反而使事情向更糟糕的方向发展。

舆论造势，借势说出成功

当今企业在市场竞争的商战中，

无势者需造势，

无力造势者需借势，

有势者需用势。

实干家也要做“卖瓜王婆”

现在的广告创意，可谓越来越“耸人听闻”，目的就是要在人们心中制造地震效应。虽然说有些离谱，但人们惊奇或惊喜的反应，已进入了广告商预先设定的圈套之中。

日本有一家生产咖喱粉的SY公司。因为市场竞争极其激烈。有一段时间，这家公司的产品滞销，堆在仓库里面卖不出去。公司即将破产，员工们都在想方设法进行促销，可是能想到的手段都施展出来之后，咖喱粉的销售量还是没有上去。公司的经理一个个都“下课了”，连续换了四任经理。

第五任经理田中走马上任之后，还是没有想到打开市场销路的好办法。大家都清楚，公司的产品卖不出去的根本原因是顾客对SY公司这个品牌很陌生，很难关注到这种产品。咖喱粉并不是什么紧俏商品，进口的、国产的，应有尽有。要让人们在摆满货架的众多咖喱粉中特意挑选出本公司的咖喱粉，那不是天方夜谭吗？

产品的销量一天天萎缩，公司的资金也一天天减少。公司没有足够的资金，大量做广告是不现实的，但是如果再不做广告，那就等于坐以待毙。

做广告，做什么立刻就能见效的广告呢？

一天，田中正在办公室里翻看报纸，一条新闻吸引住了他。这则新闻说：大阪有家酒店的工人罢工，各家媒体进行了跟踪报道，罢工问题得到了圆满解决，酒店恢复营业，原先不景气的生意现在也变得异常火爆。

在日本，劳资双方的关系一般都比较和谐，一旦出现罢工的事情，当然会成为新闻关注的热点……

田中看着看着，脑海里突然有了个主意：这家酒店之所以生意变得火爆，就是因为新闻媒体一步步给炒起来的。那么，SY公司为什么不可以利用这种“热炒”进行一番自我宣传呢？

想着想着，一个“胆大妄为”的想法在他的大脑里形成了。

不干则已，要干就要干出个“惊天动地”。他经过深思熟虑，计划也随之出炉。

几天之内，日本最大的几家报纸，如《读卖新闻》《朝日新闻》等刊登出了这样一条广告：

大阪SY公司专门生产优质咖喱粉，为了提高产品的知名度，今决定租赁数架直升机到白雪皑皑的富士山顶，把咖喱粉撒在山上。从此以后，我们看到的将不再是白色的富士山，而只能看到咖喱粉的颜色了……

这是一条在全日本引起爆炸的消息。

在日本，富士山是至高无上的，不仅在日本人心目中，在世界人民的心目中，富士山就是日本的象征。在这样神圣的地方，居然有公司胆敢撒咖喱粉？

真是岂有此理！

SY公司的广告刚刚刊登出来，国内的舆论就一片哗然。很多人对如此的“狂妄”难以忍受，都纷纷指责SY公司。本来默默无闻的SY公司，连续好多天在报纸、电视、电台等各种媒体上成为大家攻击的对象。有的人甚至放出话来，如果SY公司胆敢如此放肆，就一定叫它倒闭！

在一片舆论的讨伐声中，SY公司的名声大振。在SY公司广告中所说的在富士山撒咖喱粉的日期到来的前一天，原先发表过SY公司广告的报纸都刊登出了SY公司的郑重声明：“鉴于社会各界的强烈反应，本公司决定取消原来在富士山顶撒咖喱粉的计划……”

反对的人们欢呼自己的胜利，田中和SY公司的员工们也在欢庆他们的胜利。经过这样一番精心炒作，全日本的民众都知道了有一家生产咖喱粉的公司叫SY公司，并且想当然地认为这家公司是一家实力超群、财大气粗的公司。很多超市都纷纷投到SY公司的门下，大力推销SY公司的咖喱粉，SY公司的咖喱粉瞬间成为了畅销产品。

田中经理的一招妙棋救活了濒临倒闭的公司。目前，这家公司的产品在日本国内市场占有率高达23%。

在中国的饮用水市场上，曾经充斥着大量的假冒劣质产品。有些不法之徒，竟然将乡间池塘里的不可饮用的水不做任何处理就装瓶上市。众多丑恶现象经媒体频频曝光之后，广大消费者对中国瓶装水市场上的产品的质量疑虑重重。因此，消费者对饮用水的品质要求也越来越高，而且舍得为品质高的水多花一点儿钱。

某饮用水品牌敏锐地抓住了消费者的这一点变化，以“27层净化”这一产品诉求经典广告成功地打入了消费者内心，给消费者超强的安全感。从而迅速成长为全国水市场的超一流品牌。而这个“27层净化”的广告创意也由此获得了优秀广告作品评选“红棉杯”广告大奖赛影视广告金奖。

总之，这些案例都告诉我们，要想在商场获得一席之地，光靠实干是不够的，还需要一些卖瓜王婆对自己的产品、业务的自信以及极具说服力的宣传手段。

“王婆卖瓜”，给自己贴金，也要讲求方法，不能盲目乱贴，否则会起到适得其反的作用。在给自己贴金时一定要注意以下几点：

1.给自己贴金不要太频繁，要给人以新鲜感，偶尔展示下自己的才华，让人觉得你是个不可多得的人才，就会一改当初别人对自己的认识和评价。

2. 平时多找机会，看准机会后，就不要犹豫，但一定要说出一鸣惊人的话。

3.努力挖掘自身的优点，所谓“不沾富贵就讲品位”，要学会扬长避短。

当然贴金也要有方法和诀窍，不同的场合就要讲不同的贴金之语，针对不同的人也要有不同的说法。

也许有人会问，给自己贴金的“卖瓜王婆”不就是吹捧自己吗？其实这种说法不完全对，是要吹捧自己，但却一定要有吹捧的资本。如果你没有什么能力，只是一味地给自己贴金，有时只会自取其辱。

兵马未动，先造势头

孙子兵法曰："激水之疾，至于漂石者，势也。"湍急的流水，飞快地奔流，以致能冲走巨石，这就是势的力量。

《三国演义》中，孔明自出茅庐以后，极擅长造势、借势、用势。刘备赴江东招亲时，赵云令荆州随行兵士俱披红挂彩入南徐，便是孔明造势之计。其目的在于制造出一种热热闹闹办喜事的舆论声势。用现代话来说，这既是表明来意的"安民告示"，又是广而告之的"轰动效应"。结果，这一轰动效应惊动了乔国老和吴国太，孙权和周瑜的假戏不得不真唱下去，最后，刘备得了孙夫人又保住了荆州。

同样的事情也发生在东晋。东晋政权得以建立和巩固离不开功臣琅琊王导。琅琊王导共侍元帝、明帝、成帝三朝，出将入相，官至太傅。王导不仅有政治远见，而且还善于理财。

刚刚统一后，国家银库空虚。国库里只有许多粗布，数量倒是很可观，达几万匹之多，但是这些粗布没有人要，根本卖不出去，已经在仓库里积压好几年了。

王导经过一夜的思索后，第二天找了个裁缝，用库里的粗布做了套合体的衣服。自此以后，就穿着这套粗布做的衣服上朝，并会见朝廷的其他大臣。大臣们都感到很惊讶。不仅如此，他还下令为所有的大臣都用国库里的那种粗布做一套衣服，并规定大臣们都必须穿新做的粗布衣服上朝和参加各种正式活动。一时间，这件事在京城上下引起轰动。

上行下效耳朵效应得到很好的利用，大臣们的下属看见上司穿着粗布做的衣服，便竞相模仿，也去市场上买同类粗布做成的新衣，穿戴起来。于是穿这种布料的衣服成了一种时髦。平民百姓们也都到处找卖这种粗布料的地方，大人小孩、男男女女，都以穿这种粗布衣服为体面。这就使得粗布价格很快上涨，而且还一度成为抢手货，很难买到。

时机成熟，王导让人赶快把仓库里长年积压的粗布投放到市场，果然一匹布的价格超过以往好几倍，没有几天，这数万匹的粗布就被抢购一空，而国库也得到大大的充实。

利用人们崇拜名人、爱慕时尚的心理，王导成功地化解了财政困难。试想，如果他不这样做，而是借助身居高位，凭借行政手段强行出售卖不出去的粗布，那么一定会引起人们的反感，也绝对不可能产生如此圆满的结果。这个故事虽然发生在一千多年前，但对今天的商业活动也不无启发意义。其实，王导巧妙利用名人威望的谋略在他的早期政治活动中就曾施展过。

当晋元帝司马睿还只是琅邪王的时候，王导就已经看透天下大势终会尽归琅邪王司马睿。审时度势之后，他便有意拥戴司马睿，复兴晋室。他劝司马睿不要再住在洛阳，而是回到自己的封地去。司马睿出镇建康(今天的江苏南京)后，吴人并不依附，上任一个多月，仍没有人去拜望他。忧虑之下，王导想出一招借助当地的名人来提高司马睿的威望的好棋。

他对已有很大势力的堂兄王敦说："琅邪王虽然仁德，但名声不大。而你在此地早已声名大振，应该在这件事上多多出力。"于是，二人约好一起伴随司马睿参加各类活动来提高他的政治威望。

王导让司马睿乘坐轿子，威仪齐备，自己则和众多名臣大将骑马跟随。江南的众多大名士如纪瞻、顾荣等人，见到这种场面，非常吃惊，都相继在路上迎拜。

事后，王导又对司马睿说：“自古以来，凡能称雄天下的，都虚心招揽英雄俊杰。现在天下大乱，要成大业，当务之急便是取得人心。顾荣、贺循两人是吴地名门之首，把他们吸引过来，就不愁其他名人不依附而来了。”

司马睿听了王导的话，就派王导亲自去登门拜请顾荣、贺循。这两人也就欣然应命进见司马睿。受他们的影响，吴地名门望族从此便归附司马睿。东晋王朝终于得以建立。

可见，在关键时刻学会造势，能够形成对自己有利的局面。有了这样的有利局面，也较容易获得成功。

当今企业在市场竞争的商战中，无势者需造势，无力造势者需借势，有势者需用势。一个刚开张的新企业，一种刚上市的新产品，知名度低，企业需要造势以提高知名度，以势为其鸣锣开道；一个实力雄厚的知名企业，一种名牌产品，虽然已有了一股势，仍需继续造势，以巩固市场，提高形象。

有人认为，实力本就是一股强势，人为地再造势无非是花拳绣腿，这种观点有失偏颇。有实力自然好，但是实力还应当被消费者认识到，才会对企业产生认同感和信任感，因此造势与不造势就大不一样。企业搬家，是再平常不过的事。不造势，路人视而不见，造了势，就可能引起冲击心理的强大轰动效应。

偏居一隅的张家界是最近十几年才为大家所熟知的一个旅游胜地。在20世纪初，即便是湖南人都很少有人知道那儿居然有一片风景优美、崎岖旖旎的人间洞天。今天，当人们提到张家界的名字时，仍难免要和1999年“穿越天门”世界特技飞行大赛联系起来。可以说，正是这次造势，将张家界全新地嵌进了世界人民的印象中。

说到这次大赛，不能不提到其幕后策划者、炒作高手叶文智。自从叶文智承包下张家界的精华景点黄龙洞，出任黄龙洞旅游投资有限公司总经理后，叶文智一刻也没有停止通过造势来为张家界提升品牌影响力。只在1998年，他就成功制造了几个新闻事件：

其一，黄龙洞旅游投资有限公司开国内先例为自然景观向保险公司投保，而且一投就是上亿元的巨额保险，保险对象为黄龙洞的标志性景点定海神针。此举对保险业来说，开辟了一个新的险种；对全人类利益来说，“掀开了人类保护自然遗产新的一页”。其新闻价值自然非同一般。新华社、中央电视台、《人民日报》等大小多家媒体都竞相报道这一“特殊”保险。一时间，“张家界”和“黄龙洞”这两个名字频频出现在媒体和人们的视线中，而且“到底什么样的景点价值一个亿”这样的疑问也诱惑着人们的好奇心。紧接着，一些报刊开始登出黄龙洞的一些美丽景点照片，好几家电视台也播出了张家界和黄龙洞的风景专题片，其独特的风景在国内产生了很大影响，以至于一些从未到过张家界的人看了电视画面后都评价张家界“是中国最美丽的地方之一”。

其二，叶文智“异想天开”，推出“空中游览张家界”的旅游项目，游客可以乘坐直升机换一种方式和视角从空中全方位欣赏张家界的奇山异水。这一项目本身就是一件可传播率极高的活动，加之此前国内还没有过旅游景点采用直升机旅游这一招，因此此事再一次成为媒体和公众感兴趣的对象。

其三，年底，黄龙洞旅游投资有限公司评选出5名“创建文明风景旅游区示范点”活动标兵，奖励他们免费赴新加坡、马来西亚、泰国参观学习一次。叶文智当然知道媒体感兴趣的是什么，如果仅仅将此消息提供给媒体的话，肯定会被认为没有报道价值。他必须自己来寻找让媒体不能拒绝的兴奋点。于是，他重点放在宣传和介绍农民合同工、清洁员身上，列举出的兴奋点为“扫地扫出国门”。这一下，媒体果然来了兴致，纷纷报道了这一消息。

法国曾经举办过特技飞机穿越埃菲尔铁塔的活动，举世瞩目。正是受了此事的启发，叶文智突发奇想，何不在张家界举行一次飞越天门洞的特技表演呢？天门洞是张家界独有的一个天然穿山巨洞，遥望蓝天，是世所罕见的自然奇观。与埃菲尔铁塔比起来，天门洞更富有野趣，更加刺激，更有挑战性。更重要的是，埃菲尔铁塔作为已经拥有相当知名度的旅游景点，飞越活动无法增加它的无形资产，而天门洞尚属于“养在深闺人未识”而又有巨大旅游开发潜质的独特景点，通过飞越活动可以迅速为它带来巨大的知名度。

这样的爆炸性新闻自然是所有媒体都感兴趣的！一时间，包括海外各大通讯社在内的各种媒体都纷纷予以报道，天门山和张家界的名字被高频率地出现在国内外的大小媒体上，越来越多的中外记者开始向张家界聚集。特别是到了临近比赛的那些日子，几乎每天都有无数新闻报道世界特技飞行大奖赛和天门洞的筹办情况。

中央电视台和湖南卫视进行联合现场直播，同步向全世界直播表演实况。据估计，比赛现场有十余万人参观，世界各地的电视观众更是高达7亿左右。

“穿越天门”取得了巨大成功，张家界的美丽山水通过电视画面被传递进了世界人民的视野。活动结束后，张家界的旅客接待量连续两年保持百分之五十的增长率。叶文智通过造势天门山从而带动整个张家界的旅游事业，而黄龙洞作为张家界旅游的必游景点自然可以参与“分羹”。叶文智当年接手黄龙洞公司时，该景点年创利润仅为10万元，“飞行特技比赛”和“穿越天门洞”等一系列造势活动后，黄龙洞在门票涨价的同时，客流量从全国一百多个溶洞中的第八位迅速蹿升至第二位，其年上缴利税就突破百万元大关。黄龙洞公司通过对大品牌、大旅游圈的造势，达到了共赢的目的，也借机确立了自己在同行中的美好形象和领导地位。

当今企业在市场竞争的商战中，无势者需造势，无力造势者需借势，有势者需用势。一个刚开张的新企业，一种刚上市的新产品，需要造势以提高知名度；一个实力雄厚的知名企业，一种名牌产品，仍需继续造势，以巩固市场，提高形象。

"虚张声势"，生财之道

现实中，我们常常看到，有一些不法商人，利用广告骗人，发不义之财，把自己的伪劣产品说得天花乱坠，那样的做法是不会有长期的效益的。广告的目的是为了宣传真正好的产品或是企业，这是一个大的前提，不能弄虚作假。我们之所以强调要在宣传中"虚张声势"，其目的只是为了引起潜在客户的注意，把人们的目光从别处吸引过来，让他们认识你的产品，从而达到商业目的。这同弄虚作假、招摇撞骗不可同日而语。

普罗奇在发迹之前，听说在美国种豆芽很赚钱，尽管他只知生产的简单过程，他还是找了一个合伙人皮卡，租用一间店面改成人工豆芽场，加上好几排水槽，就开始干了。他的合伙人皮卡说，他甚至还从来没见过一粒毛豆。但普罗奇鼓励他说："孵豆芽我见过很多次，我知道整个过程，很简单。"普罗奇请来了几个日本人当技术顾问，从墨西哥购进大量的毛豆，还请人在杂志上写了些并不见得有趣的"毛豆历史"的文章，并大量散发豆芽食谱进行宣传。接着跟几个食品包装商人接洽，将生产的豆芽卖给食品包装公司，还直接卖给餐馆或其他的批发商。普罗奇的豆芽生产一开张便开始赚钱。很快，普罗奇又冒出一个念头，如果跟人签约，让他们把豆芽装成罐头，不是可以赚更多的钱吗？他打电话给威斯康星州的一个食品包装公司，把豆芽制成罐头。

当时正值第二次世界大战期间，所有金属都优先用于军事，老百姓只能得到极有限的配给。普罗奇义无反顾地跑到华盛顿，一直冲到军需生产部门。他虚张声势，用了一个气派非凡的名称介绍自己，这是他和皮卡为他们俩的公司取的名字："豆芽生产工会"。在华府官员听来，这个名字倒像是什么农民工会，而不是一个只有两个人的公司。于是，军需生产部门便让这位推销天才带走了几百万个稍微有些毛病但仍可使用的罐头盒。

当普罗奇的生意继续发展下去之后，他和皮卡买下了一家老罐头工厂，开始自行装罐。他将豆芽加上芹菜和其他蔬菜，做成一道美国人喜欢吃的"杂碎"菜。普罗奇继续发挥他"虚张声势"的才能，将罐头外面贴上"芙蓉"标签。普罗奇又故意将罐头"压扁"，让美国人觉得这些罐头是来自遥远的中国，销路也就出奇地好，简直是供不应求。

以后，普罗奇一面扩大生产，一面将他们的公司改名叫"重庆"，并以"食品联合会"的名义，举办大型的全国市场推销"重庆"生产的食品，给人造成"重庆"是一家规模宏大、资本雄厚的公司的印象。就这样，普罗奇靠"虚张声势"建立了企业在美国民众心中的形象，很快赚了一亿美元。"虚张声势"并非特别难，你只要掌握了其"借"的要点，就可运用自如，从而实现你期望的目标。

一个企业形象档次的提升，很大程度上取决于其宣传的档次和分量。因为高起点决定高发展，从山腰开始爬山的人所到达的高度是从山脚出发的人所望尘莫及的。

1998年岁末，随着席卷全国的《学习的革命》旋风，科利华这家并不有名的企业终于浮出水面。一家企业借助一本书打出了全国性的知名度，一时让全国的策划大师们目瞪口呆。与此同时，科利华重组上市公司—阿城钢铁也正在悄悄进行。第二年，长期蛰伏在股市最底部的这只"垃圾股"的股价开始飙升，从4块多一直上升到最高时的30多块。

当谜底揭开之后，人们才发现，“阿城钢铁”已经摇身一变成为了“卖书”出名的科利华。而科利华接下来的一系列组合拳更是让各路“武林高手”拍案叫绝。而策划这一切的正是以量子理论闻名业界的科利华总裁宋朝弟。

宋朝弟借助《学习的革命》的旋风一下子成为在中国家喻户晓的新闻人物。然而，这两件看上去互无关联的事件，却是一整套精心策划的市场营销战略，这两件事既提高了科利华的知名度，也使企业在“卖书”和“重组”两个战场上大获全胜。

这其中，《学习的革命》一书的成功，可说是最成功的利用炒作创造商机的案例。中国的书市，一向是不温不火的商业领域，即使书市掀起波澜，也很少从中看到一个大企业的身影。大企业似乎并不屑于书市中的商机，他们所追求的大资金运作、现代化管理、规模化的营销手段，似乎在书市里施展不开拳脚，展现不出才华。

结果，中国几乎所有的大公司，没有一个在图书领域“混迹”。这就给了一家开发教育软件的公司大规模介入书市的机会。而且出手不凡，立刻在全国掀起了一场“革命”的浪潮，引起轰动。

仿佛一夜之间，宋朝弟将他的“科利华”变成了“革命”的发源地，在全国范围内，策动了一场轰轰烈烈的“学习的革命”。他们为这场“革命”准备了1亿元的资金。一家企业投入1亿元的资金为一本书的出版做推广，号称要达到一千万册的发行量，乍听起来挺悬乎，但市场的反应却很快让人刮目相看。到1999年年中，《学习的革命》一书的发行量就超过了500万册，在当时的中国图书发行量上创出天量。要知道，在科利华介入图书发行时，正值图书市场非常不景气的时期，大多数图书的发行量都低于1万册，能够有1万以上的发行量，出版社的老总就会拍手称快，而能达到发行上百万的社科类图书，在图书发行行业已经是多年不遇。科利华后来实际发行《学习的革命》达六百多万册，这么巨额的发行量可以说是“制造”出来的。

科利华公司自成立以来，虽然在教育软件开发领域小有成就，但在全国公众心目中，并没有知名度，直到推出《学习的革命》才一炮而红。

“学习的革命”还远远没有结束。不久后，科利华趁势又推出了教学软件“英语的革命”，借助《学习的革命》的余波和大规模的广告宣传，这套软件又迅速占领了全国市场。

科利华在推销《学习的革命》一书中投入的资金，有说1亿的，也有说是1000万的，总之数额很大。投入这样大，科利华到底赚了多少钱呢？结论是：不管科利华卖书有没有赚到钱，他们都是大赢家。在短短的几个月中，数百家媒体在刊登科利华和《学习的革命》一书的新闻，知识界和业界也都在不断谈论这件事情，就是普通老百姓也把这个事情当成茶余饭后的话题来闲聊。有哪一种广告能获得如此好的宣传效果？又有哪一个广告策划大师能够策划出如此高明的创意，让媒体和大众的注意力如此集中在科利华公司身上？科利华从一家无名的软件公司成为了一家在中国家喻户晓的知名企业，这是直接做广告花再多的钱也不一定能达到的效果。科利华即使赔了钱，所亏掉的钱也比打几个月的广告要少得多。

科利华在打造《学习的革命》一书时，并不只是把它当成一个商业行为，这个行动本身也极具广告效果。宋朝弟和他的科利华，在这次行动中不但推销了图书，也推销了公司在社会上的良好形象：投资1个亿进行新书宣传，不就表明公司实力雄厚吗？对《学习的革命》一书所进行的营销亦能表现出公司所具有的开拓创新精神。所有这些都将科利华公司的企业形象提高到一个较高的层次，为以后的发展打下了坚实的基础。

我们猜测，也许借助对一本书的推销树立企业形象，就是科利华和宋朝弟的初衷。从这个事件本身，已经很难分清楚科利华到底是在炒作《学习的革命》，还是在炒作它的名气。但科利华自此事件过后，一跃成为全国知名企业。企业的认知度越高，商业机会也就越多，这比投入大量资金打广告的境界要高出许多。

科利华成功地以《学习的革命》为切入点，一举进入了图书市场和网络投资这两个当今最为激动人心的领域。

也许，在职场上的小打小闹能够保证我们衣食无忧，但是要想获得成功，必须要有过人的大胆魄。也只有具有过人胆魄的人才能从小职员慢慢成长为职场大腕。无论是普罗奇，还是宋朝弟，都不是被天上掉下来的馅饼砸成成功职场人的，他们有勇气在兵马未动之前造出自己的声势，并且这种造势行动还成功得很。当他们造出来“我们实力很强”的声势之后，他们就获得了客户的信任，从而得到订单。当然，这并不是鼓励我们每个职场人都去冒险，而是要在稳健的前提下大胆地拓展自己的职场生涯。

在职场上要想获得巨大成功，必须要有过人的胆魄。一个企业形象档次的提升，很大程度上取决于领导者的胆魄，其宣传的档次和分量。因为高起点决定高发展，从山腰开始爬山的人所达到的高度是从山脚出发的人所望尘莫及的。

搭舆论快车，起事业高点

精美的广告可以提高产品的知名度；高明的公关可以拉近与消费者的距离；而成功的炒作，则可以吊住消费者的胃口，让消费者饶有兴趣地对产品保持时时关注。我们这里要说的不是媒体的重要作用，而是这些宣传手段对企业利润率的贡献是怎样，以及这些手段对企业长远发展有何种重大影响。

“会当凌绝顶，一览众山小”不是每个人都可以享受得到，把企业带上一个制高的起跑点，也不是随便哪一个人都可做到的。但做到做不到就要看你选择炒作的途径、方式对与否，就像登山一样，选择一条合适的路线可以比别人更快、更早地登上顶峰！

体育活动特别是大型的体育盛事，往往是企业借机“登高”的绝佳机会。奥运会以其在全球的广泛影响，超过了任何媒体，甚至囊括了所有具广告性质的媒体的作用，使得赞助奥运会的企业往往能获得巨大的、跨越国界的商机。当然，借助奥运会来达到宣传企业的作用需要付出高额的费用，但与其带给企业的利润相比，仍然是小巫见大巫。

和众多赞助过奥运会的国际知名大企业一样，“牛仔裤之父”李维·斯特劳斯创办的“李维斯”品牌公司也是借赞助奥运会之机从而使自己脱胎换骨的。

李维·斯特劳斯，1829年出生于德国，后来漂流到美国旧金山。他以开商店做生意起家，有了一定的积蓄后，他便开了一家服装厂。李维开商店时，就有不少到旧金山的淘金者经常光顾他的商店，他和这些人交往甚密。

细心的李维发现，这些辛苦的淘金人很多都是衣衫不整，艰辛的淘金工作使他们的衣服破烂不堪，裤子口袋及衣服口袋附近的布经常是破的，这些人也无暇缝补衣服，便从旧帐篷上剪块帆布来缝补，结实耐用。精明的李维想到与其用帆布补衣服，还不如直接用帆布做衣服。于是，他立马用帆布加工了一批最初的帆布裤。

这种帆布裤子结实耐用，深受淘金者的欢迎。因为实用、新颖，这种帆布裤子一下子吸引了很多买主，生产出的第一批产品很快就销售一空。消息传出后，吸引了众多的淘金者来抢购他的帆布裤子。李维的商店一下变得顾客盈门，生意异常得好。他趁热打铁，抓住时机很快又开了一家服装厂，专门为淘金者生产帆布工作服。

李维的成功为他招揽来了第一个合作伙伴——雅克·诺伯。雅克获得了在裤子的腰部和臀部的口袋上打几个铜钉、铁扣的专利，这种方法使裤子的口袋牢固、结实、更加耐摩擦。而且，裤子在经过这样的装饰后，样式也特别新颖、别致。

李维买下雅克的专利，并不断改进裤子的样式。这种加上铜钉、铁扣的裤子，不仅淘金者们非常欢迎，年轻人也非常喜欢。李维并不满足于眼前的成功，他不断创新改进，改用法国生产的哔叽布生产牛仔裤，这种料子既保持了帆布结实耐用的特点，同时穿着更舒适。除此之外，他将扣子用铜与锌的合金制作，这样既美观又有加固的作用，并使生产成本降低。至此，牛仔裤特有的样式形成了。从此，牛仔裤不仅风靡于全美国，更风靡于全世界。

李维并没有满足于现状，他不断研究时装的变化。刚开始，牛仔裤只是在男士中间盛行，当他看到很多美国妇女穿男式裤子时，细心的李维发现了一个扩大市场的可能：开拓牛仔裤的女士市场。他及时组织设计人员在全美国范围内向妇女做调查，根据她们的需求设计生产了适合妇女穿的便装裤、牛仔裙、牛仔装等。新时装上市后，吸引了女顾客的争相抢购，女性时装的销售获得了空前的成功，销售额比前一次提高了68%。

尽管李维的牛仔系列在市场上获得了巨大的成功，但它仍然只是平民阶层的所爱，西方上流社会并不接受它。“李维斯”的前后几代掌门人，都没能改变这一现状。

1984年洛杉矶奥运会时，“李维斯”抓住这个千载难逢的机会，要把“李维斯”的服装推向全世界，把“李维斯”优质的服装、创新的设计充分地展现在世人面前。李维的时装开始走名牌效应的路子。“李维斯”向23届奥运会组委会赞助了800万美元，购得了为奥运会提供服装的供应权。奥运会的官员、美国的运动员都穿上了“李维斯”免费提供的服装。美国运动员在奥运会上摘金夺银的时候，“李维斯”的服装在奥运赛场上也出尽了风头。

为了造成更大的轰动效应，公司让设计人员精心设计了三种不同的运动服装，作为美国运动员的指定着装，提前在电视广告中播出，邀请各方人士、广大公众评选、提意见。奥运会还没有开始，公司的宣传战就已拉开了序幕。奥运会期间，洛杉矶大小商场挂满了印有奥运会吉祥物、奥运标志的“李维斯”的服装。公司设计的精美运动装成了各界人士抢购的对象。奥运赛场上的美国运动员、裁判员、志愿人员、奥运官员，都身着“李维斯”各种款式的服装，如同活动的广告，将“李维斯”服装的风姿展示在几亿电视观众面前。印有奥运会标志的、各种式样的牛仔服引起了全世界消费者的兴趣。一些世界名流对牛仔系列装也十分感兴趣。摩洛哥国王哈桑二世、约旦国王侯赛因等对“李维斯”牛仔裤及系列服装都非常喜爱。

这一届最大的赢家实际上是李维，李维以其敏锐的目光关注着奥运赛场，他要让“李维斯”的服装在奥运会上也拿一块金牌。

自此，“李维斯”脱胎换骨，改变了“平民公司”的形象。上至国王、皇后、公主、总统、政界强人，下至平民百姓，对“李维斯”的牛仔服都爱不释手。牛仔服成为青年人非常喜爱的时髦服装，它耐用、合身、漂亮、潇洒的设计，赢得了世界各地不同顾客的欢迎。

“李维斯”公司能够提升档次，是因为抓住了奥运会这一最佳契机。现在，奥运会主办权之争愈演愈烈，与大批企业乐于赞助密不可分。而这些大企业之所以如此热衷向奥运会送钱，是因为奥运会能为他们搭建一个无与伦比的展示平台。相对于赞助费来说，企业能得到更多的利益。

被称为国际美容界“魔女”的英国人安妮塔，曾经位列世界百大富豪之一，她拥有数千家美容连锁店，不过，安妮塔在建设这个庞大的美容帝国时，从来没有花过一分钱的广告费。

安妮塔在1971年贷款4万英镑开了她的第一家美容小店。她在肯辛顿公园靠近市中心的商业区租了一间小店铺，并把它粉刷成绿色。虽然美容小店的这种所谓“独创”的风格（众所周知，绿色属于暗色，用它作主色并不醒目）的真实缘由完全出于无目的，但她的选色还是很明智的，因为最天然的颜色就是绿色。

她的美容小店艰难地起步了，在花花绿绿的大街上并不惹眼，而且最糟糕的是，在安妮塔的运营预算中，没有广告宣传费用。正当安妮塔为此头疼时，她收到一封律师函。这位律师受两家殡仪馆的委托控告她，指令她要么不开业，要么就改变店外装饰，原因是像“美容小店”这种花哨的店外粉刷色，势必会破坏附近殡仪馆庄严肃穆的气氛，从而影响业主的生意。

安妮塔又气又好笑，她灵机一动，打了一个匿名电话给肯辛顿的《观察晚报》，声称她知道一个吸引读者、扩大销量的独家新闻：当地黑手党经营的殡仪馆正在恫吓一个身世悲惨的可怜女人—罗蒂克·安妮塔，这个女人只不过想在她丈夫准备抛弃她的时候，开一家经营天然化妆品的美容小店维持生计而已。

这一“噱头”一下就吸引了《观察晚报》。它在显著位置报道了这个新闻，不少富有同情心并仗义的读者都来到美容小店安慰安妮塔，由于舆论的巨大压力，那位律师也没有再来小店找麻烦。而她的小店很快就在肯辛顿出了名。渐渐地，美容小店顾客盈门，热闹非凡。

可是不久，一切发生了戏剧性的变化。顾客慢慢地变得越来越少，生意只能勉强度日，最差时一周营业额才140英镑。因为要还贷款，小店只要营业，每周至少需要进账300英镑才能维持。每周300英镑以上的营业收入成为她奋斗的目标和成功与否的准绳。

经过深刻的反思，安妮塔发现依靠人们对小店的新奇感来保证生意的运行只能维持一时，不能维持一世。自己的小店当下最缺少的是大量的宣传。在她看来，美容店虽然别具风格，自成一体，但给顾客的刺激还远远不够，需要马上根据顾客的需要加以改进。

一个早晨，市民们迎着初升的太阳去肯辛顿公园，发现一个有趣的现象：一个留着卷曲散发的女人沿着街道往树叶或草坪上喷洒香水，清馨的香气随着薄薄的晨雾，飘荡得很远很远。她就是安妮塔—美容店的老板。她要塑造一条通往美容店的馨香之路，让人们了解并爱上她的美容店，闻香而来，成为美容店的常客。

她的这些非常出人意料的举动，又一次上了布利顿的《观察晚报》的版面。

生意越做越大的美容店进军美国，临开业的前几周，纽约的广告商纷至沓来，纷纷自荐要为美容店做广告。他们觉得，美容店一定会接受他们的合作。因为在美国，离开了广告，商家几乎难以生存。

安妮塔却态度鲜明：“先生们，实在很抱歉，我们公司的预算中，没有广告费用这一项。”

美容店背其道而行之的做法，引起纽约商界的纷纷议论。纽约商界的“规则”是：外国商家如果要想在商号林立的纽约立足，要是没有大量的广告支持，说得好听是有勇无谋，说得难听无异于自杀。

敏感的纽约新闻界当然没有漏掉这一“奇闻”，他们在客观报道这件事的同时，还加以评论。读者开始关注起这家来自英国的企业，觉得这家美容店确实很古怪。而实际上，这已起到了广告宣传的作用，安妮塔并没有去刻意策划媒体炒作，但却为公司节省了上百万美元的广告费。

接着，当美容店的发展规模及影响足以引起纽约各界的关注时，安妮塔就更没有做广告的必要了。但是，当新闻界采访安妮塔或者电视台邀请她去制作美容或访谈节目时，她总是表现得很踊跃。

安妮塔就是善于不断利用媒体的“猎奇”心来达到对自己公司的宣传目的，使最初的一家美容小店发展成世界上最大的连锁美容集团。在公司1984年上市之后，她很快就迈入亿万富翁的行列。

体育活动特别是大型的体育盛事，往往是企业借机“登高”的绝佳机会。许多企业借赞助像奥运会这样的体育盛事往往能获得巨大的、跨越国界的商机。当然，也有一些企业由于善于不断利用媒体的“猎奇”心也能达到对自己公司宣传的目的。

“将错就错”，顺势而为

1910年的一天，上海中法大药房老板黄楚九的胃特别不舒服，大女婿去药房给他开了剂药方。黄楚九服用后，感觉效果很明显，觉得这是一种对老年人普遍适用的药，如果进行大规模推广，前景肯定不错。翁婿两人便商量用个什么名字让这种药问世。黄楚九想出个“百灵剂”，女婿说世界上哪有什么“百灵”之药，老百姓一听就会觉得是在骗人，不如改为“百龄剂”，取个延年益寿的意思。黄楚九听从了女婿的建议，药名就这样定了，然后就看黄楚九如何将它卖到百姓家中了。

黄楚九叫手下的人拟好了“百龄剂”的广告文字，送到报馆去刊登。谁知见报时，排字工人将“剂”字误排成了“机”字，“百龄剂”成了“百龄机”。如果更正药名，新药还未问世，名字就出了这种问题，影响不好，也不太吉利，所以也就不能“更正”。黄楚九将错就错，决定将此药正式命名为“百龄机”。中国的药名，几乎都是沿用旧习，都以成型来确定药名，无非就是什么丸、散、膏、丹、汤、剂、片等等。而这个药名叫“百龄机”，反倒突破常规，分外新颖。而从字义上理解，机可作为机体解释，即常服用此药，使人具有可达百岁年龄的寓意，与原来的名字意同而字不同。

“百龄机”试销后，反响果然不错，黄楚九更加认定这笔生意大有可为，决定大张旗鼓地进行宣传。他的第一个老办法就是大事宣传，广而告之。保证天天在报纸上做广告外，黄楚九还雇了很多人去大街小巷张贴广告。几天之内，在上海滩，凡是有电线杆、广告板、房角屋墙，特别是公共场所随处可见“百龄机”这样这样好、那样那样灵的广告。黄楚九还特意聘请了一位文笔极其优美的文人吴虞公先生为“百龄机”写宣传文章，每日一文，天天刊登在报纸版面上。

“百龄机”的生意越做越旺。后来，黄楚九租赁了一幢三层的大楼，作为销售“百龄机”公司的总部。这家专门生产“百龄机”的九福公司，用的是“九福牌”商标，图像上九只蝙蝠围绕一个“福”字而飞。蝙蝠这种丑陋的动物在中国人的观念中象征着福寿延年，吉祥如意。为什么要用九只呢？“九”表示多，多福多寿；“九九归一”，长命百岁。

黄楚九对“百龄机”的宣传简直可以说费尽心机。除了雇佣吴虞公在报纸上每日一文，挖空心思地鼓吹外，他还重金请来著名广告大师周名刚以及因创作《李阿毛外传》等通俗小说而知名的作家专门创作图文并茂的广告，在《新闻报》上长期推出专栏，每日刊登，广告中说：“‘百龄机’人生五福寿为先”“滋补妙品，人人宜服‘百龄机’”“市场上流行的补品非燥即腻，唯‘百龄机’补中带润，四时皆宜”“小孩子服用‘百龄机’，脑子聪明，学业优秀；妇女服用，健康美丽，美颜常驻；老人服用，延年益寿，恢复青春”等等，各种针对各类人心理的宣传。

黄楚九还独出心裁，让人从上海城隍庙买来一个硕大无比的风筝，在上面挂箱笼，内装广告和海报，下面垂火药绳，点燃之后将风筝放飞。风筝到达高空以后，药线燃尽，箱笼自动打开，宣传“百龄机”的广告、海报满天飞舞，飘洒散落在各处。这样新奇的招数引发众人围观，争睹奇观，大家都以抢得一纸广告为乐事，从而便对“百龄机”留下了强烈的印象，自然购买该产品。黄楚九却嫌风筝飞得不够高，布面还不够大，又在整个大上海飞撒百龄机的广告。这样的宣传手段，在无奇不有的大上海还真是闻所未闻、见所未见，其所引起的轰动效应也就可想而知了。

黄楚九还在夏天快要到来时，大量订做印有“百龄机”广告的纸折扇，免费赠送给顾客和路人。南方天热，夏天人人手不离扇，“百龄机”广告便随人而走，遍布上海及全国各地。黄楚九还不惜工本地印制了几万本《百龄机画报》，主要内容当然是宣传、炫耀“百龄机”的功效，内有图片、用户来信地址及其他宣传文字。黄楚九登报告示，本药品用户可在信中随函附上二分邮票，即可免费寄赠画册。不料，索要画报者不计其数，使邮局应接不暇，日夜用麻袋运送分发往全国各地。

此外，黄楚九制作大批“百龄机热水瓶”“百龄机毛巾”“百龄机月历”等产品，都是大量廉价出售或赠送。“百龄机”广告的强大渗透力，使其成功走入中国的千家万户。

黄楚九在医药行业打开一片天地以后，眼光开始转向其他领域，意在另辟蹊径。他敏锐地盯住了烟草市场，决定再次试试自己的身手。他之所以对这一行发生兴趣是因为：第一，烟草生意的利润极高，中国烟民数量多，烟草市场的潜力很大；第二，当时中国的烟草市场几乎全被外国公司所垄断，金钱如流水般都装进了洋人的口袋，他对此一直不服气。就凭这两条，黄楚九想在烟草业试试身手的念头早就在心里盘算过不知多少回了。在英美烟草公司不可一世之时，黄楚九也跃跃欲试。

他在1915年开办了第一家大昌烟公司。这家名为“大昌”的烟草公司其实只是家小厂。中国人当时办烟厂，最大的困难就是自己没有烟丝来源，这涉及种植、加工等一系列配套工程和技术，刚刚起步的中国民族工业还没有足够的力量来经营这些。黄楚九的大昌烟公司的原料仍然要仰仗英美烟草公司的供给。可是，这家小小的大昌烟公司，在黄楚九的经营下，竟然生意红火，闹腾得英法烟草公司心烦意乱、头痛牙痒。

“大昌”推出的香烟，名叫“小囡牌”，上面印有个可爱的小孩全身像。这小孩不是别人，就是黄楚九的外孙曾维祺。烟盒则是以红色为底色，远远看去，有点像当时风行上海的红锡包。黄楚九为自己的烟取名字可以说费足了脑筋。他深知中国人以人丁兴旺为家庭幸福美满的标准之一，特别是男孩子，越多越好。香烟取名为“小囡”，还有个可爱的胖娃娃像，老年人看了心里高兴，中年人则希望多子多福，还没孩子的为讨个吉利，也会喜欢“小囡牌”。“小囡牌”上市之前，黄楚九当然按他的老招数，先要做足广告，造足舆论。不过，他的竞争对手英美的烟草公司也很善于做广告，满上海都是他们的各种香烟广告外加霓虹灯的招牌。黄楚九要在这样的阵势面前把人们的注意力吸引到名不见经传的“小囡牌”上来，真是难上加难。

他召集一群谋士，商量在香烟广告上如何别出心裁，做出点儿什么新花样让洋人公司也“吃吃瘪”。经过漫长的讨论，为“小囡牌”做广告的设想终于出笼了。黄楚九先把上海的各家大报如《申报》《新闻报》等同时买下第一版作为全幅广告版面。第一天，整整一个版面上只赫然光秃秃地印着一只大红蛋。在这之前，上海的报纸还从没有印过红蛋，黄楚九这只红蛋算是开了上海报业的风气之先，此举果然引人注目。读者打开报纸，只见整整一个版面是只大红蛋，任何文字说明也没有，都被弄得莫名其妙。人们互相询问，全上海都画了个大问号，越是莫名其妙，人们越要弄弄清楚。所有的人都等着看第二天的报纸。第二天，报纸的整个第一版版面出现了一条小孩脑袋上翘头的小发瓣；第三天，则出现了一个梳着根小辫子的惹人喜爱的大胖娃娃；第四天，穿着肚兜、梳着辫子的娃娃头上多了一条套红标语：“祝大家早生贵子”。可是，谁祝的呀？为啥平白无故祝贺早生贵子呢？谜底依然没有揭晓。直到第五天，这几天来的扑朔迷离才算真相大白。几家报纸的版面同时揭晓，原来大昌烟公司开张，新推出了“小囡牌”香烟。该公司特向大家报喜致贺，并公告随烟奉红蛋一只。这样的广告实在新奇，几天的猜测等待之后，到真相大白时，仿佛做了一场猜谜游戏，人人都觉着这噱头摆得蛮聪明。有的人为了赶个热闹，有的人出于好奇，有的人要试试究竟好不好抽，有的觉得买包烟同时还送一只红蛋，十分划得来……不论出于什么心理，都导向一个结果：消费者趋之若鹜地涌到大昌烟公司去买上一包新问世的“小囡牌”香烟。

英美烟草公司做了充分的市场调查，关注着黄楚九的大昌烟公司的一举一动，面对他这样的广告术，也不得不叹为观止。其实，黄楚九在公司广告上屡出奇招，除去因为他自己的巧思善谋外，另一个重要原因是专门聘请了一批谋士给他出主意。这次的“红蛋”广告就是他特别聘请的广告部主任出的主意。他是黄楚九高薪聘请来搞广告的专家张善琨，他为大昌烟公司开业所设想的这则广告，及时得到了市场的回馈，效果非常好。后来，他还帮黄楚九成功经营了“大世界”游乐场，开办新华影业公司，号称上海滩的影视大王。

有一家超市新购进一批高档杯子，样式新颖，色调匀称，老板相信它们一定能成为抢手货。然而，奇怪的是，虽然看这批杯子的顾客很多，但真正购买的却很少。

该超市的经理百思不得其解，就去求教一位营销专家。营销专家拿起杯子，细细审视一番，便叫经理马上让人把杯子上的盖子全部取走，但杯子仍放在柜台上原价出售。营销专家说：“这批杯子，杯身设计得很新颖，做工也很精细。但是，盖子却很大众化，有种不般配的缺陷。顾客想买杯子，却总觉得吃了亏，如果把盖子取下来，它们便成为了一批完美的杯子。”果然，盖子一取下，这批杯子就成了抢手货。

有了好的产品还得有好的广告，这就像一个绝色美女，如果藏在深闺里，是没有人知道和仰慕的。在公司广告上屡出奇招，赚足眼球，差不多是所有精明商人的做法。商战其实在某种程度上也是广告战，很多商家的产品其实不错，但是由于广告做得不成功，产品的销路就是打不开。可见，广告何其重要，它是产品成功占领市场的开路先锋，起着“逢山开路、遇水搭桥”的作用。

在公司广告上屡出奇招，赚足眼球，差不多是所有精明商人的做法。商战其实在某种程度上也是广告战。广告是产品成功占领市场的开路先锋，起着“逢山开路、遇水搭桥”的作用。

不是广告的广告

古时候，苏州城的刻书刊印是非常有名的。出版商的利润也非常可观。于是，有些外地人眼红了，拿着苏州人出的书籍，私自刻版发行。苏州人印刷的书出版不久，盗版书就跟着充斥市场。弄得苏州出版商渐渐无利可图，大为恼火。

当时，有个出版商叫俞羡长，他编辑刻印了一本书叫《唐类函》。在这本书即将印成发行之前，他先向苏州官府递上了一个诉讼状子，无中生有地说自己新印了本书叫《唐类函》，其中有多少本发往某地，半路上遇见强盗，书全被抢走了，请求官府为他发出通缉令抓捕强盗，并声称愿意拿出多少多少银两作为赏钱，用来奖励捉到强盗的人。官府的悬赏缉拿文告一出，立即传遍各地，新书《唐类函》的名声随之也传了开去。俞羡长稍后将新书一发行，便成了畅销书，而且，没有人敢私刻翻印这本书，生怕到时候说不清楚。俞羡长这招不是广告的广告可谓一箭双雕。

做广告无非就是为了让消费者知道：一是有这么一件东西，二是这是一件好东西。这两个要求，俞羡长的“广告”可以说都做到了。而且，效果显著。

抢劫在任何时代都是人们关心的重要话题，茶余饭后之时，不管与己有关无关，总能引起人们的兴趣，更不用说官府布告和赏钱所起的推波助澜的作用了。

众所周知，强盗历来专抢值钱的东西，现在竟然连书也抢了而且不嫌累赘，那《唐类函》一定是本好书，肯定非常值钱。当然，这种“强盗摆书摊”在情理上一定说不过去，但至少给这本书蒙上了一层神秘的色彩，使人们在对强盗抢书的悬念未曾消除的情况下，更将注意力转向了《唐类函》本身，都欲先睹为快。这样，俞羡长的广告已经悄悄播完，效果也有了，但广告的痕迹却无从寻找。当然，说一点儿没有留下，也是言过其实，这件事之所以被记下来，就因为有的人已经看出俞羡长的手法和技巧，而且为后人流传到今天。

今天，有许许多多的企业往往不采取直接做广告的办法，而是想方设法吸引传媒，纯粹出于吸引读者的目的来对它做些“有所侧重”的“客观报道”。由于媒体报道不是广告，同实际情况就算稍有出入，尤其是略有溢美之词，责任也不在商家，而其制作的自由度和效果往往又大大超过普通的广告。问题只是媒体报道没办法天天重复，即使如前所述的盗书，连着几天报道尚未破案之后，再“系列”下去也就索然无味，无法再吸引读者了。更糟糕的是，现在知道这种宣传技巧的人也越来越多，对它的“抵抗力”也越来越强，反倒不如对正式广告来得信任。

不过，俞羡长的“广告”较之那种新闻报道还有一个长处：就是它顺便把盗版的漏洞也给堵住了。官府的布告一出，《唐类函》成了一种“危险品”，本来盗版只是一个普遍的经济问题，官府对于民间经济纠纷通常不太热心，除非它从中可以有大利可图。如今一成刑事案子，而且还是强盗抢劫案子，盗版商再为了几个钱卷进去，风险有点太大了。到时候“大刑侍候”，官府哪里还允许你说清楚到底是抢来的还是私刻的。真到了堂上，即便你真是私刻也是好做不好说的，这么一来，自然没人再敢盗版这本书了。俞羡长的整套手法，由于效果太好，一直传到现在，还常见有商人使用，而且大有后人胜过前人的气势。俞羡长的炒作术并不可取，可取的是他灵活的思维和颇具创意的做法，这是企业在为产品做广告时需要借鉴的。

美国柯达摄影器材公司一向注重运用广告媒体争夺市场，其技巧之妙，令人叹服。1992年，该公司与以色列耶路撒冷的一家禽蛋公司签下了一份合约，双方约定用一千万只鸡蛋做广告。人们十分奇怪，怎么使用鸡蛋做广告呢？在鸡蛋上面做的广告，难道还可以被称为广告吗？原来柯达公司另有图谋：它的柯达胶卷及摄影器材在南美市场销量总是一直比不上日本富士公司的产品。于是，柯达公司突发奇想，利用以色列生产的沙漠鸡蛋在南美洲各国十分畅销的契机，与以色列出口鸡蛋的公司约定，在其出口到南美洲的鸡蛋上印上“柯达”彩色胶卷的商标，然后运到南美各国销售。柯达公司为此要付给这家公司五百万美元。这家公司当然乐意接受，因为平时每只鸡蛋只售十美分，现在可卖到五十美分，升值5倍。而柯达公司此举也不吃亏，从此令其产品牢牢占据了南美市场的半壁江山。

人称经营之神的台塑集团董事长王永庆，16岁时开始经营一家小米店。那时，电话还不普及，买米一定要上街，非常不方便，而米店又要等客上门，特别地被动。王永庆突发奇想，想出了个好办法。他在顾客上门来买米时就问：“以后您要的米我送到您家里好不好？”有米店愿意送米，客户当然求之不得。送米到家，倒入米缸，王永庆就会将这家人米缸容量记下，然后说：“您下次不用到店里来买米了。”人们很惊讶，他则接着说，“我们会将米及时送来您家的。”顾客们一脸的满意。王永庆又将每位顾客的简单资料，如这家有几口人，几个大人，几个小孩，每顿饭大人小孩各需要吃多少，一天用米量大概是多少，通过这些基本资料计算出顾客的用米量，估计这次送来的米大概能用多久。在顾客们将米吃完前，他就会自动送米上门。此外，他还做很多其他的服务，如按时清洗米缸，新米放在下面，旧米放在上面，等等。他的新奇做法大受欢迎，一传十，十传百，米店生意越来越兴旺，从此生意也越做越大。他的这些做法就像“广告”一样深深地植入顾客们的心里。

宝丽来集团利用开发出的百彩系统成功打造出具有革命性的拍立得相机。宝丽来公司的宣传策划人员为了将这一革命性产品能够制造出足够强大的吸引力，并没有选择常规的电视广告来进行宣传，而是设计了新颖的公关活动：全世界最大的相机模型展览、名人私生活写真集、全美电影电视节目宣传等活动。

在百彩系统计划推出的前一年，公司的策划人员就云集波士顿，交流在世界各地宣传公司产品的经验，共同商讨能否打造新创意，设计出使该产品能有震撼性宣传效果的公关活动。这次商讨的“高招”之一，就是举办全世界最大的相机模型展示。巨大与奇异的事物是最能吸引公众与媒体眼球的元素之一，而如此多的好奇心正好可以为拍立得相机带来最大限量的关注度。

媒体与社会公众如果知道有个能打破纪录的事物，更会使新闻界给予重视。宝丽来百彩系统拍立得相机出自纽约著名的产品外形设计师之手，具有跑车般的流线外形，设计优美。该相机的模型好像一座两层楼高的大房子，高16米，长32米，宽19米，所用的材料要8辆大卡车才能装齐。相机内是一个展览室，能容纳500—700人进内参观。里面还有各种机械与电子装置，作为机内零件及技术的示范，并且设有专人对相关信息进行讲解及示范相机各种特点和技术。这座史上最大的相机模型全部建造及装饰费用大概为40万美元。

该模型在洛杉矶展出后，立即吸引了全美以及世界各地新闻媒体和公众对该相机的广泛关注。与相机模型展览的同时还有名人私生活写真集活动的同步进行。这一活动是利用各种渠道将百彩系统拍立得相机套装送给全美各界知名人士，尤其是上流社会和娱乐界人士。鼓励他们用这种相机为自己拍摄生活照片，并安排将这些引人注意的照片在畅销的杂志上刊登，吸引美国公众的注意。许多杂志在刊登这些名人写真集的同时，还特意介绍一下这个奇趣新相机的功能及特点。这一活动，除了利用名人效应打开知名度以外，还利用刊登他们的照片，肯定了该产品的高端形象。

宝丽来集团的这种最新产品迅速席卷美国及世界各地的市场，成为人们购买相机的第一选择，并拥有其他产品难以媲美的市场占有率。宝丽来公司这些并不是广告的广告取得了传统广告无法比拟的效果，正是因为宝丽来公司深知“最优秀的产品并不一定最终能赢得市场的胜利”。

大多数情况下，消费者已经不是最关注产品是否最优秀，而是将自己的心理需求和个性主张摆在了第一位。所以宝丽来公司的第一任务就是迎合消费者的心理需求和个性主张，而非花重金在普通广告中大吹大擂。

大多数情况下，消费者已经不是最关注产品是否最优秀，而是将自己的心理需求和个性主张摆在了第一位。因此，一些公司广告的第一任务就是迎合消费者的心理需求和个性主张，而非花重金在普通广告中大吹大擂。

会说话，你的求职就成功了一半

你本来身怀绝技，

为何面试没有成功？

你是一个务实派，

为何晋升的人选中总是没有你……

原因可能令你捉摸不透，

但你有没有想过可能是因为你不太会说。

虽然我们常说工作中主要靠实力，

但是你如果不会说不会表达，

那么你连展现实力的就会都可能没有。

准备越充分，言谈越自信

对求职者面试时，招聘者手中往往拥有许多求职简历，里面的应聘者皆为实力雄厚的人才，所以招聘者想知道你和别人相比有什么不同的地方。在能力相同的情况下，某些求职者之所以会成功，关键就在于在面试时回答问题有着出色的表现。

招聘人员提出的问题可能多种多样，但归纳起来不外乎以下10个：

1. 介绍一下你自己。

招聘人员已经注意到你是否按时到达，打扮是否得体等，现在，你得用语言使自己给对方留下好印象。确切地说，你该用两分钟时间来谈论你接受的教育和工作经历，并说明你为何觉得自己适合干这份工作。

你应该准备好一句能让人记住你的话。比如，有位成功者这么说："我毕业于一所没有名气的大学，但请看看我过去10年的工作成就吧！"突出了他的精明和强干，从而使他战胜了势均力敌的竞争者。

2. 你为何找不到工作。

招聘人员对有人回答这一问题的欺骗行为极为敏感，你应该直截了当，眼睛看着对方。德比公司的温斯托克警告说："如果你的回答超过了一分钟，那你就算完了。"你可以实事求是地回答："我和新上任的领导们产生了观点分歧。"你也可以这样说："他们给我的工作不是我想干的，那不适合我。"

3. 你的实力如何。

这是问你是否体力充沛、全神贯注、充满自信、办事果断、成熟老到、反应灵敏、卓有成效、意志坚强。“其实，这一切我们都想了解。”新英格兰金融集团的前副总经理帕克·库勒这样说。你要用工作中或在校时的具体实例来证明自己的才干，比如“毕业实习时，我销出的票券比任何同学都要多”。这便是你毕业成绩的一个有力证明。

4. 你想要多少工资。

初次面试不要扯到报酬问题，你未来的雇主会在第二或第三次见面时提出来。假如要说，既不要提得太低，那会显得你对自身价值信心不足，也不要提得太高，那会吓坏你的雇主。你可说个范围，比如“我希望年薪在4万元到6万元之间”。

5. 你能为我们做些什么。

面试官要看看你是否对他们公司作过调查研究。那些对公司和企业不甚了解的应聘者，一般都被面试人员认为傲慢自大或“口头表达能力差”而遭淘汰。一位大学生是这样回答的：“我不敢说能做什么惊天的伟业，但我想在贵公司极有发展潜力的前景和老板的领导下，充分发挥我的专业特长和能力，为公司的进一步发展贡献我全部的才力和心血。如果可能的话，这不仅是一种荣誉，更是一种义务。”

6. 你有什么弱点。

这是要看看你是否坦率诚实和具有良好的心理平衡能力。有些招聘官常这样问：“能谈谈你某次失败的经历吗？”错误的回答是：“我想我没有这种经历。”要知道，从不失败的人是没有的。成功的回答应是：“人的一生谁也免不了会有缺点和弱点，人的发展就是在缺点与弱点的不断更改中完成的。我的弱点是在我向着一个特定的奋斗目标努力追求的过程中常常出现急躁情绪。我想随着年龄的增长和经验的丰富会不断改正的。”

回答时，要尽力展示你在失败中得到的收获。有位工程系毕业的学生，在大学一年级时差点因考试不及格而退学，但毕业后求职面试时，他这样告诉面试官：“我很快振作起来，我用的是一种武器—顽强拼搏，要战胜困难，非顽强拼搏不可啊！后来，我的成绩一直是A。”结果，他得到了自己满意的工作。

7. 你最成功的事业是什么。

你说不出一件自以为成功的事，有的老板就不雇用你。你可以写下近五年来那些最值得你骄傲的事情，如果可能，最好能用数据说明。比如：“去年，我所在公司的10个销售人员中，我的业绩排名第一，独立完成了全公司30%的销售额。”或者说：“因为我推荐的那套电脑软件，公司每年节约8万元。”

8. 你喜欢什么样的老板。

不要自以为幽默地说：“我喜欢我以前的老板。”也不要对以前的老板说三道四。这一问题的目的是想看看你是否会和老板闹别扭。

有位成功的应聘者是这样回答的：“我喜欢那种能力高超，意志坚强，能跟他学到东西，能给我机会，给我指导，必要时又能给我批评的领导。”

9. 你为何辞去现有的工作。

招聘者心里完全清楚，很多人离开原来的工作岗位是由于他们跟老板合不来，然而，没有多少人想听你讲述这方面的事。

很多招聘者建议把加入一家新公司的理由设定为事业发展的需要。例如：“在原公司销售科工作了两年后，我学到了许多有关营销方面的知识。现在，我想学点别的。”或者，“现在，我想学点新东西，而贵公司则是我最中意的。”不过，要是你确实因与老板发生冲突而被解聘，那么，你最好主动把事情原委告诉他们，而不要让他们先问你。话要说得既明确又有艺术性。例如："在管理形式方面，我和原公司的一位新金融主管存在着分歧。不过，我们双方对此表示理解。"

10. 你会和未来的老板相处得好吗。

有的招聘者建议回避这样的问题。但是，也有人建议这样说："我会一心一意扑在工作上，注重工作成效。然而，我也灵活多变，能和不同性格的老板很好地相处。"

如果问题很明确，如"讲一讲你曾相处过的你认为最糟的老板"，注意你的措辞，并把你们之间的分歧说成是工作中的或是管理方面的，而不要说是私人问题。

除了以上10个问题，面试官可能还要出些附加题考考你。他可能说出一件难办的事，问你该如何解决；他还可能用各种方式试探你是否正直。

有家公司的副总经理故意问应聘者："不少公司，为拉生意在暗中给人好处，你对此怎么看？"这一问题的正确回答只有一个："我不会做任何违法的事。"

招聘面试通常以"还有我们未谈及的事吗"来结束。这个时候，你可问问你的工作内容、老板的期望，以及你要接替的人是为何走的，等等。机智的提问不仅能得到对方给你的满意回答，还能加深你在对方心目中的印象。临别时，你可以简要说明自己适合这份工作。

只要你准备充分，言谈自信，并能灵活应对招聘者的任何问题，那么，你就很有可能得到招聘者的赏识，从其他竞聘者中脱颖而出。

三思而后语

在面试的过程中，要想成功就要知道什么该说什么不该说，而不是不加思考地什么都说，否则不可能找到好工作。那么，面试时有哪些话题是不能说的呢？

那就是政治话题，宗教话题，家人或亲戚相关。

首先政治和宗教话题容易引起敏感话题和有争议的话题，而且对于面试工作来说也不是很有关系，所以不要在面试的时候提及这两个话题。其次即使面试官桌上摆着自己的家庭照，你的口袋里装有家人或亲戚的照片也不行，那都是很私人的事情，不适合摆在工作场合进行讨论，尤其不符合面试的场合。

下面是关于面试时的一些话题禁忌，很有必要注意一下。

关于某地区的天气或交通，或任何风土人情，你把这些批评得体无完肤，然而，有可能碰巧批评到面试官的家乡，而面试官正巧又深深地思念着故乡。

你讲了一些心爱的明星球队或运动员，然后你最喜欢的可能是面试官最讨厌的，虽然面试官因为这一点就反对你不合情理，可是也无可厚非。

关于为面试官取得某物或某种特殊商品的提议，比如“我能为你买到批发价的”，也许这是事实，如果换个场合会表现出你待人的热忱，可是在面试时则格格不入，而且会显得你在贿赂面试官。

面试的时候你讲了一大堆关于如何地厌恶数学、科学或其他特别学科的话，虽然表面上看来似乎与此职位无关，然而，公司主管也许正巧期望员工擅长数理。

抱怨面试官让你久等，或你填写工作申请表或接受打字测验的房间热得烤死人，你要表现给面试官的是你的积极面，一味抱怨则适得其反。

老提大人物名号以自抬身价不可取。比如：你的前任老板是个室内设计师，你曾协助她装潢某位名人的宅邸，名人的排场和派头并不值得你大讲特讲。假使你真的与某些社交名流为友，也要留心，别给对方造成你在吹嘘自己的印象。

面试的时候不能讲和工作毫不相干的个人憎恶。举例来说，你提到如果不幸天生一头红发，绝对会把它染成另外一种颜色，而你也许会发现公司总裁碰巧就有一头火焰般的红发，这样只会让你的境地特别尴尬。

切忌漫无焦点的闲扯。你回答完问题或作完一段评论，就此打住，等待下文。话点到为止，喋喋不休可能会变成徒劳，甚至对面试起到负面的作用。

当谈话陷入沉默的时候，为了化解冷场的情况，你脑中浮现的念头，不可随意脱口而出，务必三思而后言。

不要将面试官赞美得天花乱坠。即使你诚心佩服其人，在这种情况下，你的赞美可能遭到误解。当然，你可以这么说：“与您面晤是一种愉悦，谢谢您。”

在合适的时机说合适的话，同样，在不同的场合说话也要注意分寸感。求职面试的时候，要避虚就实，善于表达自己的有点， 同时也不回避自己的缺点，这样才能体现出你的真诚，为你的面试加分。

让你的面试脱颖而出的言谈小技巧

关于求职，有很多方法和应对办法，面对现在日趋激烈的职业竞争，我们怎样通过自己的每一处细微的优点来展现出与众不同的自己从而在职场中脱颖而出，是一个非常关键也是一个很棘手的问题。下边就有几种方法让我们在求职的点点面面都能够灵活的应对。

1. 自信幽默法。

一位大学毕业生走进一家报社问道："你们需要一位好编辑吗？"言下之意自己当然就是"好编辑"，语言很是自信。

"不。"拒绝却是那么干脆。

"那么，好记者呢？"语言还是那么自信。

"不。"拒绝还是那么干脆。

"那么，印刷工如何？"依然是坚韧不拔。

"不。"看来是没戏了。

"那么，你们一定需要这个东西。"这位大学生从公事包里拿出一块精美的牌子，上面写着："额满，暂不雇用。"

报社主任笑了，但也开始用一种新的眼光来审视面前这位年轻人了。最后，这位年轻人被录用为报社销售部经理。

自信的语言应答不但有助于受试人吻合招聘者既定的聘用期望，而且可能重新塑造招聘者的聘用愿望。

2. 见微知著法。

国外某家企业欲招聘一个职员，有三位求职者前来报名。招聘人员让这三个人想像正在砌砖盖房子，然后问道："你们在做什么？"

第一个应聘者说："砌砖。"

第二个应聘者说："我正在挣钱，每小时3.3美元。"

第三个应聘者却说："你问我吗？我正在修建世界上最宏伟的高楼大厦。"

结果，第三个应聘者被录取了。

如果你作为公司的主管人员，不难想像这三个人未来发展的情况怎样。最可能的情况是：前两人依然是砌砖工。他们没有远见，不重视自己的工作，缺乏追求更大成功的推动力，这种人很难为企业的发展作出创造性的贡献。但是，那位把自己看成在修建高楼大厦的砌砖工决不会永远是个工人。也许他已成为工厂主或承包商，甚至成为有名的建筑师。第三个砌砖工已经掌握了新的思维方法，这为他在工作中的自我发展开辟了道路。

一个人的工作态度能说明他是否能担负大任。事实上，招聘者对求职者能否适合某项工作，经常会注意到这一点，就是看他对目前的工作有何看法。如果求职者认为自己的工作很重要，就会给招聘者留下深刻的印象，即使他对那项工作还有不满。一个人的工作态度同他的工作表现有着密切的关系。他的工作态度，正如他的仪表一样，会对上级、同事和下级，乃至他接触的大部分人说明他内在的品质。

3. 单刀直入法。

在某市的大学生供需见面会上，该市公安局研究所的招聘桌前，围满了前来求职的男性公民，大部分是男大学生。一个年轻的女大学生硬是挤到招聘桌前，向招聘人员表明自己渴望从事刑事检验分析研究工作。

招聘人员面露难色，因为这个研究所从来没有女工作人员。可是，面对着姑娘恳求的目光，招聘人员决定破例给她一次机会。

他说："工作人员需要亲临案件现场，遇到的全是血淋淋的场面，姑娘家哪敢去呢？"

"我就敢去，"这个姑娘双眉一挑，毫不含糊地说，"让我抬死人，我也不怕。"

"你可别说大话，干这行没黑夜没白天，得随叫随到。"

"嘿！我假期打工就是给人家开车，跑起路来没点儿胆量行吗？"说着，她掏出了驾驶证。

人事干部这下服了，心里直嘀咕，这样泼辣能干的姑娘比有的小伙子还能干呢！这个研究所的人事干部当场拍板，与之签订了招聘合同。

这位姑娘求职成功的秘诀在哪里呢？她三言两语，坦率又直接地陈述自己的优点和长处。对于人事干部的发难并没有显露出丝毫为难情绪和踌躇神态，这一切均符合刑侦工作人员应该具备的心理素质。尽管如此，人事干部还是不太相信她的胆量，她亮出驾驶证并表明自己的胆量，这才使人事干部信服。我们试想一下，如果这位姑娘在这种场合讲话细声细气、畏畏缩缩，人事干部则难以相信她能够胜任刑侦检验研究工作。她话锋凌厉，单刀直入，快言直陈，而不闪烁其辞，使人确信其具备刑侦检验研究工作应具备的品质，成功应不足为奇。

4. 绵里藏针法。

说话时柔中有刚、绵里藏针，可以显示出一个人口才的娴熟程度，这也是求职取得成功的一大法宝。

一家外贸公司举行一次别开生面的宴会招聘考试，有一位小伙子表现良好，深深吸引了招聘人员。

在宴席上，这位小伙子走到这家公司的人事经理面前举杯致辞："×经理，能结识您很荣幸，我十分愿意为贵公司效力。但如果确因名额有限我不能梦想成真，我也不会气馁的，我将继续奋斗，我相信，如果不能成为您的助手，那我就一定会当您的对手……”

小伙子言语得体，柔中有刚，充满自信，意志坚强。这是外贸工作最宝贵的性格。他谈话时彬彬有礼，不卑不亢，机智敏捷，性格开朗，具备了搞外贸的优良素质。最后那句话提醒了这家外贸公司的人事经理：如果因为录取名额的限制，让这位优秀人才流失到别的公司，岂不是一大损失。最后，公司录取了这位青年。

5. 随机应变法。

招聘者有时会出些尴尬情境中的难题，看应试者怎样应答。应试者如果表现出色，就能在一时之间赢得招聘者的好感。

国外一家旅馆老板测试三名男性应试者，问：“假如你无意推开房门，看见女房客正在淋浴，而她也看见你了，这时，你该怎么办？”

甲答：“说声‘对不起’，然后关门退出。”这个对答无称呼，虽简洁，但不符合侍者的职业要求，而且也没使双方摆脱窘境。

乙答：“说声‘对不起，小姐’，然后关门退出。”这个称呼准确，但不合适，反而加深了旅客的窘迫感。

丙答：“说声‘对不起，先生’，然后关门退出。”

结果，丙被录用了。为什么呢？因为他这种故意误会的说法，维护了旅客的体面，非常得体、机智，表现出一个侍者应该具有的职业素质和应变能力。

6. 折中艺术法。

折中的语言是求职者遇到两难问题时，选择较为理想的回答办法。

日本住友银行招聘公关人员时，极为重视职员协调人际关系的才能。该银行没有专门考核业务知识，而是提出了一道别出心裁的判断题："当国家的利益和住友银行的利益发生冲突时，阁下采取何种对策？"

三类不同的应聘者的回答迥然不同。

第一类人回答："当国家利益跟我们银行利益发生冲突时，我会坚决地站在我们银行的立场上。"

银行主管人员认为，这样的人将来准会捅娄子，不能聘用。

第二类人回答："当国家利益和住友银行利益发生冲突时，我作为国家的一员，应该坚决保护国家的利益。"

银行主管人员认为，第二类人员适合政府部门的工作，也不可取。

第三类人回答说："当国家利益和银行利益发生矛盾时，我要尽全力淡化矛盾。"

银行主管人员认为这种人才是住友银行需要的高手。企业同政府的关系往往集中表现在国家利益和企业利益上，企业公关人员作为企业与公众之间的媒介，只有善于注重社会整体的协调性，才有可能妥善处理好企业与国家的关系。

第三类人为何求职成功，而前两类人为何不成功呢？要成为一名公关人员，必须具备协调人际关系的才能和本领。在企业与其他影响企业生存发展的组织发生冲突时，公关人员既要消弭双方的歧异，又要维护双方的合法权益，这样才能保证公司顺利发展并与其他组织维持平衡和谐的关系。住友银行的问题可谓别出心裁，独具风格。在这种两难选择的情况下，求职者采用折中的答题方式，同时，提出若干建设性意见，这样有助于企业摆脱困境。这类人自然会博得招聘者的欣赏。

7. 角色互换法。

奥地利精神分析学家弗洛伊德结婚后，夫人想请一位佣人，她询问几位应试者有没有什么要求，几位姑娘有的说要有休息日，有的说要有单独的卧房，有的问能否和主人一起上桌吃饭，只有一位姑娘悄声说道：“我希望成为家庭中的一员。”弗洛伊德夫人听后大为感动，当即决定聘用这位姑娘。

应试者受聘后能否与他人和睦相处，这是主考官很关心的问题。如果应试者在面试中能恰如其分地表现出一种归属感，常能取得好效果。这位姑娘在面谈中谈吐不俗，她充分地理解作为一个佣人，应当与雇主全家和睦相处，在心理上与雇主达成默契，这样有助于形成良好的家庭氛围。事实上，招聘者招聘职员的目的，是寻求工作上的合作者或者“好帮手”。只有那些对单位怀有强烈归属感的人，才能与单位荣辱与共，同甘共苦。然而，求职面谈中，这一点往往为求职者所忽略，求职者应多从对方的立场上考虑问题，方能使招聘人员心怀好感。

8. 避虚就实法。

求职过程中，求职者要因时循势，避虚就实，说明自己的优点和长处，并不失时机地向招聘人员展露自己的才华和能力，这样，对方才会对你心中有数，从而形成积极、正确的评价，这样无形中就为求职成功增添了一份成功的希望。

小张是某师范大学中文系的本科毕业生，面临着毕业分配，许多同学急得像热锅上的蚂蚁，小张则悠然自得，神情自若，同班同学极为惊讶他的表现，这小子葫芦里装的是什么药呢？原来小张已经打定主意到附近的××师范专科学校求职，并向该校寄出了履历和学业成绩，××师范专科学校已经向他发出面试的通知。

面试这天，小张早早地来到这所学校，学校领导接见了他，并告诉他将与另外两名来自不同学校的A君和B君竞争同一职位。面试的第一个步骤是自我介绍，小张排在最后，他向领导表明自己出身于农家，决心献身教育事业，为提高当地人民文化素质服务。但A君和B君自我介绍时，只简单介绍自己在校的学业成绩和行为表现，未说明各自的求职动机。

随后，学校领导要求A、B和小张拿出各自的拿手好戏。小张把自己四年学习期间发表的散文、诗作展现在学校领导的面前。

小张不满足于表露自己在学校时已经取得的成绩，采用了避虚就实的策略，主动请缨，要求到讲台上露一手。他的提议也当即赢得校方的赞同。俗话说："好马劣马，拉出来遛遛就知道了。"小张的课讲得生动活泼，这表明了他的口才和学识俱佳，是块当教师的好材料，当然受到校方的青睐。而A君和B君在真枪实弹的教学比武面前，却口才不佳，语不连贯，所以，他们俩的面试成绩较差，小张的求职自然大获成功。

9. 有的放矢法。

交谈的成功不在于辞藻的华丽抑或朴实，也不在于据理力争或委婉柔顺，而在于在交谈过程中，始终围绕着问题的中心去说明问题、解决问题。对于一个复杂的问题，如果三言两语难以解释清楚，则不妨详细地说出来，但要做到简洁而不烦琐重复。有时，还要根据表达的需要，将各个不同的讲话内容细致地进行组织，并考虑答话的顺序与步骤，取得较好的效果。

在一次求职面谈中，一家企业招聘人员向一位女大学生问道："国外一家企业的代理人携巨款来我市寻找适宜的投资对象，你作为我市某中型企业的法人代表，请问你将采用什么步骤赢得这笔投资？"

这位女大学生略作思考，然后答道："首先，我需要了解对方详细的背景材料，例如，该公司的经营方针、项目、实力、已有业绩，当然也包括这位代理人的个人材料，最重要的是此次来中国的计划；其次，代理人来后，我应当与对方预约见面时间和地点，比如说可以通过电话，或与有关机构及个人联系；第三，与代理人商谈时，我应当使用他国的语言，以增加熟识感和亲切感；第四，这次行动不一定会成功，但是，我要尽我的所能给对方留下深刻而良好的印象，以期为下次合作打下基础。”

虽然这位女大学生的回答不尽圆满，但招聘单位录取了她。

女大学生的第一句话说明了作为一个企业主管人员，要知己知彼，把握对方的背景资料，清楚地了解对方的底细，而她要了解的这个外商投资计划也表示了企业主管人员对当前活动重点的安排应有清楚的认识，这是面谈中最成功的一句回答。她的第四点回答也显得极为成功。胜败乃兵家常事，商界也是如此，没有所谓的常胜将军，因而企业主管人员与外商谈判时要保持良好的心理素质，胜不骄，败不馁，给外国人留下良好的印象，争取下次合作。

同一个面试问题并非只有一个答案，而同一个答案并不是在任何面试场合都有效，关键在于应聘者掌握了规律后，对面试的具体情况进行把握，巧妙地运用这些小技巧，有意识地揣摩面试官提出问题的心理背景，然后投其所好，必能脱颖而出。

巧妙运用自我批评和赞扬

1909年，风度优雅的布洛亲王当时是德国的总理大臣，而德国皇帝则是威廉二世，他傲慢又自大，夸口自己建立了一支陆军和海军，可征服全世界。

接着，一件令人惊异的事情发生了。这位德国皇帝说了一些狂言和一些令人难以置信的话，震撼了整个欧洲大陆，引起了全世界各地一连串的风潮。

更为糟糕的是，这位德国皇帝竟然公开这些愚蠢自大、荒谬无理的话，他在英国做客时这么说，同时还允许伦敦的《每日电讯报》刊登他所说的话。例如，他宣称他是和英国友好的惟一德国人。他说，他建立一支海军对抗日本的威胁；他说，他独自一人挽救了英国，使英国免于臣服苏俄和法国；他说，由于他的策划，使得英国罗伯特爵士得以在南非打败波尔人等等。

在一百多年的和平时期中，从没有一位欧洲君主说过如此令人惊异的话。整个欧洲大陆立即愤怒起来，英国尤其愤怒，德国政治家惊恐万分。

在这种狼狈的情况下，德国皇帝自己也慌了，并向身为帝国总理大臣的布洛亲王建议，由他来承担一切责难，希望布洛亲王宣布这全是他的责任，是他建议君王说出这些令人难以相信的话。

“但是，陛下，”布洛亲王说，“这对我来说，几乎不可能。全德国和英国，没有人会相信我有能力建议陛下说出这些话。”布洛话一说出口，就明白犯了大错，皇帝大为恼火。“你认为我是一个蠢人，”他叫起来，“只会做些你自己不会犯的错事！”

布洛知道他应该先恭维几句，然后再提出批评；但既然已经太迟了，他只好采取次一步的最佳方法，即在批评之后，再予称赞。

“我绝没有这种意思，”他恭敬地回答，“陛下在许多方面皆胜我许多，而且最重要的是自然科学方面。在陛下解释晴雨计，或是无线电报，或是伦琴射线的时候，我经常是注意倾听，内心十分佩服，并觉得十分惭愧，我对自然科学的每一门皆茫然无知，对物理学或化学毫无概念，甚至连解释最简单的自然现象的能力也没有。但是，”布洛亲王继续说，“为了补偿这方面的缺点，我学习了某些历史知识，以及一些可能在政治上，特别是外交上有帮助的学识。”

皇帝脸上露出微笑。布洛亲王赞扬他，并使自己显得谦卑，这已值得皇帝原谅一切。

“我不是经常告诉你，”他热诚地宣称，“我们两人互补长短，就可闻名于世吗？我们应该团结在一起，我们应该如此！”

他和布洛亲王握手，他十分激动地握紧双拳说：“如果任何人对我说布洛亲王的坏话，我就一拳头打在他的鼻子上。”

几句贬抑自己而赞扬对方的话，使一位傲慢孤僻的德国皇帝变成一位坚固的友人。

与地位比自己高的人谈话，一言不当，就可能触怒对方，轻者遭受一顿批评，重者引发不堪设想的后果。正如布洛亲王的第一句话，让傲慢孤僻的皇帝大为恼火，好在布洛亲王立刻意识到自己的失误，以尊敬的语气赞美皇帝在自然科学方面的许多优点，再诚恳地表示自己确实不如皇帝，既恭维了对方，掩饰了第一句话的失误，又表明了自己谦卑的态度，使僵硬的气氛得以缓和，敌对的态度变得友好。

有时候说几句贬抑自己而赞扬对方的话会取得异乎寻常的效果。这种方法在职场中也是必不可少的，巧妙运用，能收到惊人的效果。

不可不知的职场说话禁忌

没有童话中的树洞，

供我们发泄怨言怨语，

口无禁忌最终都要付出代价。

或许有人会认为这是不公平的，

但这是现实的。

忌公然诋毁圈内人士

职场是一个很矛盾的领域。“无商不奸”，职场人追求的都是自己的经济利益最大化，而为了达到这个目的，职场人不得不采取一些法律范围内、道德修养外的手段。可是，这不是说职场没有自己的游戏规则。

“诚信立本”，尽管现实职场中充斥各种合法合理的尔虞我诈，但是大家对于以诚信为核心的商业道德素养也有很高的诉求。具体来说，在公平竞争、遵纪守法的大环境中，我们要想保证我们的职场生命，就必须首先做到一点：千万不要公然诋毁圈内人士。职场如战场，但不是战场上的手段都可以运用在职场上，至少类似于为了抬高自己而贬低别人的做法在职场上是禁忌。

“三百六十行，行行出状元”，每一个领域都会有个中翘楚供行业内的人瞻仰膜拜。俗话还说，“树大招风”，这些优秀的行业领先人物不单是受万众景仰，还会受到一些吃不到葡萄说葡萄酸之人的各种诋毁。

在职场中，我们也会看到一些人为了抬高自己的身价，而通过诋毁同行或圈内人士的行为来进行无中生有的造谣。事实上，那些诋毁他人者不但没有获得好处，反而使自己落得个贻笑大方甚至是受法律制裁的下场。所以，无论是源于何种原因，而对别人进行诋毁都是职场大忌。

职场人士总是有着各种各样的危机感，但最大的危机也许来自于自身原有市场的被分割与被侵占。看着原本属于自己的市场份额被竞争对手一点点蚕食，有些人就开始坐不住了，他们开始生出各种事端，故意诋毁对手的产品或经营方式，甚至企业文化。但这样贬低对方、抬高自己的宣传方式对自己的经营真的有利吗？

某厂是国内最早开始生产蚕丝被的企业，厂里的蚕丝被一直非常受消费者的欢迎。但近些日子，蚕丝被销售额下降，营业员问询消费者意见时，被告知同在一市的另一家蚕丝被生产厂家将他们厂的产品相比较，并称自己的是优质蚕丝被，而该厂生产的蚕丝被是劣质产品。许多消费者都轻信了他们的话，纷纷拒绝购买该厂生产的产品。而今天，该厂张厂长在路过某家大型床上用品商场时，竟然亲眼看到了自己的同行将两家的蚕丝被放在了一起，并打出广告：哪一种蚕丝被好，一看您就知道。

见此情形，张厂长火速赶到该市的工商所进行举报。工商所收到举报之后，立刻决定换上便装与张厂长一起赶往销售现场。到了现场之后，工商所执法人员发现两家厂子生产的蚕丝被都被剪开之后放到了显眼处。张厂长厂里的蚕丝发黄且出现团状，而该促销厂家的蚕丝却又细又白，看上去明显强于前者。当工商执法人员向张厂长询问这是否是其厂生产的产品时，却得到了截然不同的回答，张厂长说他们厂的蚕丝全是国家一级产品，绝不可能是发黄成团的样子，这非常明显是买了自己厂的被子之后将其中的蚕丝掏出，然后填充了劣质蚕丝再摆放出来的。

现场的销售人员却全然不顾事实，一边宣传自己厂里的蚕丝被是如何如何好，一边诋毁张厂长厂里的蚕丝被质量是如何如何差。消费者完全被现场的宣传所蒙蔽，转向购买对方的蚕丝被，经销商坦白，是厂家发来销售方案让其进行这样的宣传推广的。

了解到这些情况之后，又经过产品核实，工商人员当场向大家指出，该产品并非原产品，而是被更换过的，并进而责问销售人员，告知这种非法更换其他厂家蚕丝被中的填充物，并拿来与自己厂生产的蚕丝做比较，是一种典型的不正当竞争行为，并责令经销商进行更正。对张厂长所在企业生产的商品的诋毁行为作出恢复名誉并进行相应赔偿的责罚。工商所决定调查这一诋毁同行的不正当竞争行为，而张厂长决定将其诉诸法律。

有竞争才会有发展，商场中的竞争是不可避免的，特别是在面对众多的竞争对手时，特别的宣传方式能起到夺人眼眶的作用。但如果在竞争过程中诋毁同行则是大忌，也是最愚蠢的营销方式。

竞争无处不在，职场竞争更为激烈，当大家实力相当面对同一个机会的时候，心底的那个恶魔就会飘出来给我们出一些馊点子。自制力强的人能够抗拒恶魔的声音，但是自制力弱的人就不得而知了。

小黄和小罗分别是一家电脑公司A、B区的业务经理。两人的能力难分伯仲，销售业绩也不相上下。公司的销售总监准备内退了，想要从他们俩中间选一个接班人。为了能得到销售总监的青睐，两人使出了浑身解数，但是还是难分高低。公司高层也知道这两人的能力均等，也很难做出决定。

某日，销售部来了几位客户代表。他们反映说几天前在这家公司买的电脑是二手货，要求赔偿损失。技术部门对他们拿来的电脑做了检查之后，发现这些电脑的零件已经步入老化阶段，很像大街上那种专门回收旧电脑进行重装的二手货。调查后发现，这些电脑是经由小罗之手卖出去的。

小罗什么也没说，自行到公司高层请罪去了。公司看在小罗这么多年卖力销售做出的业绩分上，只是进行了一些罚款处理。至此，小黄如愿以偿地坐上销售总监的位置。

小黄升为销售总监之后的一天夜里回家，突然被人袭击，进了医院。警方介入调查后发现，袭击小黄的正是那天来要求赔偿的业务代表。

原来，小黄之前买通了这些人给小罗下了一个套，来诋毁小罗，从而拿到销售总监的位子。事成之后，小黄和这些“客户代表”之间在分赃上产生了矛盾，这才有了后面小黄被袭击的那一幕。

真相大白，水落石出。骗子被绳之以法，小黄诋毁小罗的下三滥手段也昭然若揭。小黄受到公司开除的严惩，同时还承担相应的法律责任。小罗成为新任销售总监。

诋毁他人的低劣不正当竞争手段，或许在短时期内能给人带来一点儿利益，但是天网恢恢，总有一天会为自己的所作所为付出代价，得不偿失。

职场竞争激烈异常，面对众多的竞争对手，特别的宣传方式能起到夺人眼眶的作用。但如果在竞争过程中贬低或者诋毁对手则是自掘坟墓。

诋毁对手等于是在告诉大家：我不如我的竞争对手。这相当于变相为对方做了广告。而这些诋毁一旦被发现，你将付出的不仅是断送职场生涯的代价，还要承担法律责任。

忌在同事之间议论上司

俗话说，“人言可畏”，职场之中，更是如此。与同事相处，一定要把握好尺度，什么话该说，什么话不该说，都要心里有数。把握好尺度并非是不能真诚相待，只是应该有所保留，我们大家尤其要注意的是不要跟同事议论上司。虽然你觉得某个同事很可靠，但知人知面不知心，小心祸从口出，哪怕你只是一次无心的议论，但却能成为握在别人手中的把柄。而且人多口杂，一传十，十传百，其中不乏有夸大其词者，以至于传到最后都变了味，这样你就等于罪加一等。

古时候，有个姓赵的小官员家里没有水井，每天都要跑到很远的地方去打水，很不方便。而且每天打水都很辛苦，他不得不雇个体力好的人负责打水。这样的日子持续了半年，有一天他突然想到：“为何不在家中挖一口井呢？自己的俸禄不多，这样不但省了人力，还省了财力。”

于是他便请了人在家中挖了一口水井。挖好后他很开心，遇到同朝为官的人便说：“我家挖了一口井，等于省了一个人，省了一锭金子！”这事越传越杂，而且每个人都添油加醋，当传到皇帝耳朵里的时候，就变成了“我从井里挖出一个人来，还挖出来好多金子”。皇帝听后立即命人把姓赵的官员捉了起来，说他蓄意谋财害命。当他明白事情的原委的时候，便向皇帝澄清：“是传言有误啊！陛下，我说的是我家挖了一口井，等于省了一个人力和一些金子，并没有说从井里挖出人和金子。”尽管他说的是事实，但是皇帝的心头之气却难消，死罪可免，活罪难逃，赵姓官员被关了十日才被放出来。

防人之心不可无，说话一定要看清对象，看清地点，因为同事之中不乏自私自利者，他们正好以此传话取得老板的信任和好感。所以，在公司一定要紧闭嘴巴，千万不要跟同事议论上司，以免惹祸上身。而当我们有疑惑或者不满的时候，可以适当地找老板协调，让他感觉到我们是值得信任的，是尊重上司的，那么，老板自然也会对我们多一分好感。

在职场中，很多人都喜欢在背后议论上司，借此在快节奏的职场中给自己找点乐趣，或者发泄一下不满的情绪，其实这样等于在自毁前程。议论一个人或者一件事情，不仅要看场合，还要看对象，或许那个同事你信得过，他的确不会向上司打小报告，但同事的同事呢？你能保证不会被其他人知道吗？你又能确定不会传到上司的耳朵里吗？

小宁是一家公司的前台服务人员，长得漂亮，人缘也好，来公司不久就与同事打成一片，无聊的时候就在一起聊聊天。小宁在公司干了一年多了，她的表现一直很好，可圈可点，可是却一直没有涨工资，尤其是听说很多同事都涨了。她气愤极了，怎么也不能让自己一个人吃亏啊，于是便去找老板。刚走到老板办公室门口，听到老板在打电话，她仔细一听，老板竟然在跟老婆吵架，最后老板非常气愤，“砰”一声将电话挂了。看到这种情形，小宁伸出去的手又缩了回来，现在去谈，简直就是自寻死路。终于下班了，该吃中午饭了，可她始终无法平静，怎么也咽不下这口气。于是，看四下无人，便把一个绝对信得过的同事叫了过来，然后把自己的不满发泄了出来。同事劝她想开点儿，说不定稍后就会给她涨工资的，她依然怨气难消，还把老板上午吵架的事情说了出来，并添油加醋地说：“老板和他老婆感情不和，迟早会离婚，老板那么抠门，谁能受得了他！”

同事连忙捂住她的嘴说：“这话可不能乱说，万一被听到就惨了！”小宁还满不在乎地说："听到就听到，有什么大不了的。"两人看四下无人，也都松了口气。可没想到，接下来麻烦就来了，老板开始不断地找小宁麻烦，而且连与她谈心的同事也是麻烦不断，她这才明白自己说的话被上司知道了，便对她怀恨在心。至于她跟同事的话是怎么传到老板耳朵里的，她不知道，也没工夫理会。只知道自己以后没好日子过了，接下来还指不定有什么坏事情等着她们呢！而最让她不安的是，自己的多嘴还连累了同事。

一个公司中，人员众多，或许你看着四下无人，可老板的侦探说不定就躲在哪偷听呢。而且公司内人员混杂，为了自己的利益而去打小报告的人有很多，就算你足够小心，但隔墙有耳，难保不会被别人听到。而当谣言传进老板耳朵的那一刻，就是你苦日子到来的一刻，所以，千万不要与同事在公司议论上司。

现实中这样的例子很多，每个人向别人诉说意见事情的时候，总会夸大其词，以至于越来越离谱。在同事之间亦是如此，当我们跟同事议论我们的上司的时候，或者这个同事会去告密，或者会被居心不良者听到，然后加以利用，这样等于在公司内传开了。经过了同事们添油加醋，当我们的话最后传到老板耳朵里，可能已经不堪入耳。在这种情况下，纵然我们工作再努力，能力再强，也得不到老板的信任，终无所用。

在职场中，我们要谨记：没有童话中的树洞供我们发泄怨言怨语，口无禁忌最终都要付出代价。或许有人会认为这是不公平的，但这是现实的。

忌抢说第一句话和最后一句话

在与他人的交流沟通中，我们首先要弄清楚自己是在和谁说话。对，是老板！老板是一个公司的最高领导者，身处高位，他们当然有自己的威严，也需要保全自己的威严，否则何以让人服从，又何以治理一家公司？然而很多人却不明白这个道理，他们认为只要有才能就能得到赏识，所以总是在领导面前刻意显示自己的能力，抢在老板之前说第一句话和最后一句话，这样过度积极的结果却适得其反。

李强是个很有能力的业务员，进入公司短短半年就为公司创造了很大的效益，不仅业务能力强，也善于交往，是个不可多得的新生力量。所以老板一直很器重他。工作能力出色的人往往就能得到重用，李强的实力，老板也全都看在眼里，只不过考虑到他来公司时间尚短，要多考察一段时间，所以没有给他升职。

很快一年过去了，可是李强仍旧没有升职，薪水也只涨了那么一点点。他开始有点不满，但只是把不满藏在心里而已，他相信，只要让老板看到他的能力，升职是迟早的事情。

李强的表现，老板看在眼里，看到李强这样踏实而毫无怨言地工作，老板感到很欣慰，于是他决定第二天开个会，然后给李强加薪升职。然而，正当老板通知大家开会的时候，突如其来的一件事情让他改变了决定。

公司准备添置一批办公用品，有一个批发公司给公司老板开了一个单子。老板看了单子之后让李强也看一下。李强看了之后，凭借他做业务以来的“价格感”，认为很划算。于是就对批发公司业务代表说：“贵公司的价格比较合理，不知道产品质量、售后怎么样？”老板听后脸色顿时阴沉了下来，碍于其他公司的人在场没有发作。李强见老板不说话，便问：“老板，您看……”“我刚刚想起来我们公司待会儿有个重要的会议，要不我稍后再跟贵公司谈，好吗？”老板缓了缓神色开口道。

批发公司代表走后，李强迫不及待地开口问道：“老板，他们给的价格很合理啊，为什么不当时签下来呢？”老板只说了一句话：“李强，不论你能力有多强，业务做得有多好，你要记住，不在其位，不谋其政。”

李强这才知道，原来自己犯了代替老板做决定的大忌。在老板看来，李强的这种“越权”行为实际上是不将自己这个老板放在眼里的表现。虽然想法很好，但却显得做老板的根本就是个摆设，老板心里当然不会舒服，自然也就不能、不敢也不愿信任李强。作为一个员工，无论何时、何事都不要忘了，老板才有决策权，哪怕你知道该怎么做，也一定要听取他的建议，这样才能在职场中走得更顺。

身为一名毫无决定权的员工，一定要找准自己的位置，做好自己的本职工作，老板最喜欢的就是，听话又能干的下属。听话和能干相比较而言，老板更希望下属听话。所谓“听话”，即千万不要代替老板做决定，也不要试图在与老板犟到最后。只有有能力却不招摇，有想法却能将最后决定权交予老板的员工，才会深得老板的信任与喜爱。在与老板相处的过程中，还要懂得如何跟老板说话，把话说得动听、合老板的心意，更重要的是衬托出老板的地位，这样才能给老板留下好印象。

小张是个年轻、干练又开朗的人。有能力的人很容易得到重用，小张进入公司一年多，就已经成为公司老板最器重的主力干将，而且前途无量，有望成为下一任部门经理。公司新开展了一个项目，思来想去。老板觉得小张最有能力，于是便把小张交到了办公室，然后将这项任务交给了她。

小张接到任务之后当然很激动，她向老板保证一定会做好。小张深知，这是一次机会，也是一个挑战。所以小张并没有因此骄傲，也没有任何侥幸心理，她把老板的重用当成是一个鼓舞，全身心投入到了工作中。第二天，小张便准备带几个人去外市谈客户，可是摆在面前就有一个问题：人太多，打车需要两辆，太浪费；而坐公车又容易劳累，到达后状态肯定不好。小张分析后，决定包一辆车去，经济又实惠。

想好后，小张并没有立即动身，她深深懂得这样“越权”等于自断前程，所以她便请示老板：“老板，我们今天要去谈客户，这是我做的计划，另外我们人太多，坐公车会影响谈判效果，打车又太贵。我在这方面经验尚浅，所以来找您拿主意。您看我们是包车去，还是打车去，或者坐公交？”老板似乎很满意小张的这一番话：“坐公交的话耗费精力，虽然你们年轻人体力好，但是在谈判之前要养精蓄锐。打的确实很贵。要是两全其美的话，我看还是包车去吧。没超出我们的预算，又能保证你们的工作效率。”

试想，如果小张来一句“……鉴于以上分析我决定……”那么小张他们最后可能就只有坐公交车去了。因为小张一旦擅自替老板做决定，无论多么好的建议都会被拒绝。在老板眼里，你只是一个员工，你再有能力也只是一个员工，凭什么跟老板说“‘我’决定……”。

在与老板相处的过程中，说话是很值得推敲的，起码要让老板感觉到你很尊重他，并且值得他信任。也许说者无意，但听者有心，所以作为员工，在跟老板说每句话之前，都要找准自己的位置，千万不要让老板觉得你在“越权”，觉得你有威胁性。因为，老板是不会提拔一个他认为会威胁到自己的员工的。

那么，如何才能在说话中体现出对老板的尊重呢？

有一个很简单易行的方法是，在与老板的沟通交流中，将具有实质内容的第一句话和需要做决定的最后一句话留给老板。将具有实质性内容的第一句话留给老板，是说让老板选择他想要和我们交流的内容方向；需要做决定的最后一句话留给老板，是说将最后的决定权留给老板。我们要做的就是将交流事项所需的信息整合，系统地、条理清晰地呈现给老板。

在与老板的沟通交流中，将具有实质性内容的第一句话留给老板，就是让老板选择他想要和我们交流的内容方向；需要做决定的最后一句话留给老板，就是将最后的决定权留给老板。

忌办公室粗鄙语

领导者是员工言行的风向标。作为一个管理人员，我们首先要以身作则，为员工树立一个良好的企业形象，只有让员工打心眼里佩服你，才会心甘情愿地为公司卖力。如果一个管理者每天都邋里邋遢，满嘴的粗俗语言，甚至在办公室破口大骂，员工又怎会为这样的管理人员卖力？

张某是公司里的部门经理，但其行为举止却一点儿没有经理样，大家都怀疑他能走上了这个职位是靠了后台的关系。很多人都说他有后台，即使每天不做什么也能照样拿工资。也有人说，他性格本就放荡不羁，不喜欢被约束，但工作能力还是很强的。

每个人的心里都在嘀咕着这件事，但却都不敢提出。办公室里已经有很多人都吃过他的苦头了，稍有什么做得不好，他就会大发雷霆，毫不给人面子。不只是男职员，就连女职员也会见了他就躲得远远的，因为大家都亲眼目睹过一个刚来没多久的新员工，到办公室给他送文件，看过文件之后，他丝毫不顾及场合地大骂："你脑袋里装的都是浆糊吗？这是什么狗屁报告！有你这么敷衍人的吗！"此语一出，满座皆惊。透过玻璃窗，所有的人都将眼光盯向那个新职员。那个新人被骂蒙了，也不知道自己到底是哪里错了，面对这样的斥责有些不知所措："经理，我只是个刚来的新员工，哪里错了，您都可以给我指出来。"

办公室的空气仿佛瞬间凝固了，大家知道张某对于这种类似于顶撞的说法是很反感的，果然，张某提高了嗓门：“新职员，新职员就可以犯这种低级的错误？你的脑袋进水了吗？做出这种烂工作！你白痴吗……”女职员终于受不了这种莫名其妙的斥责，泪水决堤而出。说实话，她根本就不知道做错了什么，因为张某从始至终都在骂她，却并不告诉她为什么要这样骂她。退一万步说，即使她真的做错了，也不至于这样恶言相向。大家看着女孩哭着跑出了办公室，都面面相觑……

新员工在刚加入公司团队的时候，在磨合期难免会有出错的地方，但经过一段时间的引导，他们很快就会适应新环境。身为领导者，我们应该多给予关心和支持，而不是在他们最伤心难过的时候雪上加霜，这不仅会影响他们工作的积极性，甚至还会在他们心里留下长久伤害。所以，要想管理好手下的员工，即便在批评人的时候也要注意自己的语言方式，切忌恶语相向。

有很多管理人员看不起自己的下属，认为他们身着伪造的名牌西服很不协调，做事马马虎虎，拖拖拉拉，不具备工作积极性和责任心，是低素质的表现。可是这些管理人员却忘记了一件至关重要的事情：每个人都是从低素质中走出来的，领导也不例外。

名牌西服在老板们身上看起来协调，那是因为他们已经走过了“低素质”的过渡期，所以有些时候还是不要把别人不当回事，同时也不要把自己太当回事。

李亮是办公室的高材生，跟所有的高材生一样，也有恃才傲物的毛病。他谁都不放在眼里，就连经理他也是爱理不理的。李亮在办公室里的嚣张早已不是一天两天了，经理嘴上说得宽容大度，但心里早已憋了一肚子气，忍无可忍。这天，经理催促李亮交任务，但是李亮还没有做完，经理心里急了，语气就重了些：“你小子怎么不早点儿做？今天下班之前必须给我交了！”经理丢下这句话就走了。李亮见经理言语不善，便也火了：“你要我干到几点？还让不让人活了？就为了这点儿烂工作，领那么点儿薪水，你想累死我啊……”话虽这样说，但领导的话已经说到这份上，不加班也不行了，想到今天又要加班，李亮的心里就窝了一团火。

可就在快下班的时候，经理又通知全体员工在会议室开会。李亮心里的火烧得更旺了：“又要开什么白痴会议！”经理听到后记在心里却没理会。会议上，经理又拿出一个项目，希望李亮能够接管，李亮却说：“谁还有时间管这破事啊？我的事都快堆成山了！”经理笑了笑：“这不是器重你吗？你可是公司里的骨干啊！”李亮瞪着经理，似乎在说：“你小子批我的口气可大了，这会儿又在装孙子了，呸！”经理的语气却是改变了很多，但李亮还是那副表情：“别烦我，这件事跟我没什么关系。”

李亮的话着实让经理很难下台，经理火了，也开口骂道：“该死的，你小子又想挑剔什么……”李亮这会儿也正气着，心里的火顿时就爆发了。就这样，你一言我一语，两人很快就吵开了。

其实，为这点小事吵架一点儿都不值得，归根结底，还是两个人在说话方式上有所欠缺造成的。如果经理在平时工作中就能严于律己，宽以待人，或许就不会出现这样的争吵。又或者李亮能够克制自己的情绪，就没有了这场争吵。

工作中有很多事情都不像我们想象中的那样简单，如果李亮不说“谁有空管这破事啊”，而是“我当然也很关心”，那么两人就会减少一份针锋相对。如果他不说“别烦我，这件事跟我没关系”，而是“不好意思，我的工作还有很多，恐怕不便参与这项计划”，那么，事情也许就会是另一种状况了。

谁不希望在一个优雅清静的环境中工作呢？高雅的办公室人文环境的指标，包括在工作中要注意礼貌待人，使用文明用语，不随便给人起有伤大雅的绰号，不在别人背后指指点点。高雅的办公室人文环境，能带给人们良好的心情，带着一个好心情工作的人工作效率不仅会得到提高，更重要的是，这样的工作会成为一种乐趣。不仅是在工作中要注意这些，午后闲谈的时候，我们也要注意自己的语言习惯。在与人交谈的时候，我们要增长自己的见识，提高个人修养。诚然，“雅”是一种由内而外散发出来的高雅气质，并非一朝一夕就能练就，矫揉造作的“雅”就如东施效颦一样会适得其反。所以，在日常工作中，我们要不断积累，不断学习，不断培养自身的雅致，最终达到由内而外，雅气自然散发的境界。一个谈吐高雅的人，无论身处何地，都会受人爱戴的。

高雅的办公室人文环境的指标，包括在工作中要注意礼貌待人，使用文明用语，不随便给人起有伤大雅的绰号，不在别人背后指指点点等。高雅的办公室人文环境，能带给人们良好的心情，在这样的环境中工作会成为一种乐趣。